7 Physik, Chemie
Biologie

NA TECH

ARBEITSMATERIALIEN N3

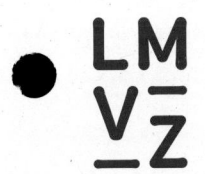

LMVZ

Inhaltliche Projektleitung
Susanne Metzger (PH FHNW, PH Zürich)

Autorinnen und Autoren
Maja Brückmann
Simon Engel
Patrick Kunz
Lorenz Möschler
Livia Murer
Felix Weidele

Projektleitung LMVZ
Alexandra Korpiun
Daniela Rauthe
Nicholas Ditzler
Natalie Peyer
Beat Wolfensberger

Fachexpertinnen und -experten
Ueli Aeschlimann
Julia Arnold
Christina Colberg
Cornelia Höhl
Ruedi Küng
Claudia Schmellentin
Charlotte Schneider
Ulrich Schütz
Simone Studer
Urs Wagner
Markus Wilhelm

Praxisexpertinnen und -experten
Rahel Arpagaus
Nadine Gadient
Mario Hartmann
Philipp Herren
Matthias Kindlimann
Pierre Kübler
Urs Stirnimann

Rechteabklärungen
Thomas Altnöder

Gestaltung
icona basel

Fotografie Umschlag
icona basel, Christoph Gysin

Illustrationen
bildN:
Anne Seeger
Kerstin Staub
Andrea Ulrich

© 2019 Lehrmittelverlag Zürich
1. Auflage 2019
In der Schweiz klimaneutral gedruckt auf FSC-Recyclingpapier
ISBN 978-3-03713-811-3

www.lmvz.ch
Digitale Lehrmittelteile: digital.lmvz.ch

Das Werk und seine Teile sind urheberrechtlich geschützt.
Nachdruck, Vervielfältigung oder Verbreitung
jeder Art – auch auszugsweise – nur mit schriftlicher
Genehmigung des Verlags.

Koordination mit der Interkantonalen Lehrmittelzentrale

Inhalt

1 Naturwissenschaften erkunden

AM 1.1	Gebiete der Naturwissenschaften	5
AM 1.2	Drähte werden warm	7
AM 1.3	Handheizung oder Fussheizung bauen	9
AM 1.4	Zufälle können viel verändern	11
AM 1.5	Das Mikroskop	13
AM 1.6	Phänomene in Zellen der Wasserpest beobachten	15
AM 1.8	Samen erkunden	17
AM 1.9	Keimungsexperimente mit Kressesamen	19

2 Den Körper analysieren

AM 2.1	Wichtige Organe unseres Körpers	21
AM 2.2	Welche Organe sind am wichtigsten?	22
AM 2.4	Wenn Gegenspieler zusammenspielen: Modell des Ellenbogengelenks	23
AM 2.5	Beim Gehen spielen viele Muskeln zusammen	25
AM 2.6	Was aus der Luft brauchen wir?	27
AM 2.7	Sauerstoff und Kohlenstoffdioxid – zwei wichtige Gase	29
AM 2.9	Ein Lungenmodell bauen	31
AM 2.10	Blut – mehr als nur eine rote Flüssigkeit	33
AM 2.11	Blut unter dem Mikroskop	34
AM 2.12	Herz: Da ist etwas durcheinandergeraten!	35
AM 2.13	Stofftransport: Wir haben mehr als einen Blutkreislauf	37
AM 2.14	Wie kommt es zum Herzinfarkt und was kann man dagegen machen?	39
AM 2.15	Fragen zu den Entsorgungssystemen des Körpers	41
AM 2.16	Die Verhütungsmethoden im Überblick	43
AM 2.17	Verhütung, gewusst wie!	45
AM 2.18	Wahl eines Verhütungsmittels	47

3 Reize und Sinne untersuchen

AM 3.1	Getränke testen	49
AM 3.2	Reflexe und ihre Aufgaben	51
AM 3.3	Zwei verschiedene Arten der Reizverarbeitung	53
AM 3.4	Räumliches Hören	55
AM 3.5	So breitet sich Schall aus	57
AM 3.6	Aufbau und Funktion des Gehörs	59
AM 3.7	Das Trommelfell	61
AM 3.8	Trommelfellriss	63
AM 3.10	So kannst du dich vor Gehörschäden schützen	65
AM 3.11	Konkave und konvexe Linsen haben unterschiedliche Eigenschaften	67
AM 3.12	Sehfehler	69
AM 3.14	Den blinden Fleck sehen	71
AM 3.15	Räumlich sehen	73
AM 3.16	Besondere Sinnesorgane bei Tieren	75

4 Bewegungen erkunden

AM 4.1	Bewegungen im Veloparcours beschreiben	77
AM 4.2	Geschwindigkeiten bestimmen	79
AM 4.3	Eine gleichförmige Bewegung untersuchen	81
AM 4.4	Eine beschleunigte Bewegung untersuchen	83
AM 4.5	Eine verzögerte Bewegung untersuchen	85
AM 4.6	Bewegungen in Diagrammen erkennen	87

5 Energie erkunden

AM 5.1	Energieformen	89
AM 5.2	Energieumwandlungen überall	91
AM 5.3	Entwickelt eigene Versuche zur Energieumwandlung	93
AM 5.4	Ein Skateboard in der Halfpipe	95
AM 5.5	Das Solarauto	96
AM 5.6	Dein Lieblingshamburger	97
AM 5.7	Energieentwertung in der Natur	99
AM 5.8	Heisse oder kalte Dose	101
AM 5.9	Warum friert der Eisbär nicht?	103
AM 5.10	Energiewürfel als Modell	105
AM 5.11	Energie im Stromkreis geht nicht verloren	107
AM 5.12	Baut eure eigene Achterbahn	109

6 Arbeiten im Labor

AM 6.1	Wie der Gasbrenner funktioniert	111
AM 6.2	Gefahrensymbole	113
AM 6.3	Volumenbestimmung	115
AM 6.4	Massenbestimmung	117
AM 6.5	Stoffeigenschaften experimentell bestimmen	119
AM 6.6	Werkstatt Stoffeigenschaften	121
AM 6.7	Siedekurve und Siedepunkt von Wasser	125
AM 6.8	Schmelzpunkt und Siedepunkt	127
AM 6.9	Dichte von Festkörpern und Flüssigkeiten bestimmen	129
AM 6.10	Tee und Milch	131
AM 6.11	Vom Steinsalz zum Kochsalz	133
AM 6.12	Chromatografie mit Filzstiftfarben	135
AM 6.13	Sauberes Wasser	137
AM 6.14	Abfalltrennung in deinem Haushalt	138
AM 6.15	Wortsuchrätsel: Gemische benennen	139
AM 6.16	Phänomene werden erklärbar	141

7 Chemische Reaktionen untersuchen

AM 7.1	Chemische Reaktionen	143
AM 7.2	Eisenwolle verändert sich	145
AM 7.3	Energie bei chemischen Reaktionen	147
AM 7.5	Fotosynthese untersuchen	149
AM 7.6	Elemente anordnen	151
AM 7.7	Eigenschaften von Stoffen	153

Bildnachweis 155

AM 1.1 N123   NATURWISSENSCHAFTEN ERKUNDEN

Gebiete der Naturwissenschaften

Häufig werden die Naturwissenschaften in drei Gebiete eingeteilt: **Biologie**, **Chemie** und **Physik**. Das geht aber nicht immer so einfach, denn die Gebiete vermischen sich oft. Es gibt zum Beispiel die **Biochemie**, die **Biophysik** oder die **physikalische Chemie**. Dann gibt es auch noch die **Agrarwissenschaft**, die **Astronomie**, die **Geologie**, die **Meteorologie**, die **Umweltwissenschaften** und viele mehr. In den vermischten Gebieten wird das Wissen aus verschiedenen anderen Gebieten zusammengebracht. Auch in der **Technik** wird das Wissen aus vielen anderen Gebieten verwendet.

In ▶OM 1.3 findest du eine Tabelle, in der die verschiedenen Gebiete kurz erklärt werden. Das kann für den folgenden Auftrag hilfreich sein.

1 Ordne die Bilder der Seiten 6 und 7 aus dem Grundlagenbuch den Gebieten in der Tabelle zu.

Gebiete	Bildnummern
Biologie	
Chemie	
Physik	
Technik	

2 Gibt es Bilder, die du mehreren Gebieten zugeordnet hast?
Markiere sie mit Farbe in der Tabelle oben.

3 Gibt es auch Bilder, die du keinem der vier Gebiete zuordnen kannst?
Versuche, sie den Gebieten unten zuzuordnen.

Gebiete	Bildnummern
Agrarwissenschaft	
Astronomie	
Geologie	
Meteorologie	
Umweltwissenschaften	

4 Sind immer noch Bilder übrig?
Erfinde selbst Gebiete, denen du die Bilder zuordnen könntest.

Gebiete	Bildnummern

Drähte werden warm

Ihr werdet nun ein Experiment durchführen. Dabei geht ihr wie im Experimentierprozess beschrieben vor. Beim Experimentierprozess müssen nicht immer alle Schritte durchlaufen werden. Manchmal können Schritte auch weggelassen oder wiederholt werden. Dieses Symbol (◁) seht ihr immer dann, wenn es um Schritte aus dem Experimentierprozess geht. Wenn ihr nicht mehr sicher seid, wie ihr beim Experimentieren vorgehen sollt, könnt ihr in ▶TB 1 Experimentierprozess nachlesen.

Untersucht zu zweit, wie warm verschieden lange Drähte werden, wenn ihr sie mit den Polen einer Batterie verbindet. Wie warm die Drähte werden, könnt ihr testen, indem ihr eine Kerze an den Draht haltet und beobachtet, wie gut der Draht das Wachs schmilzt. Geht dabei so vor:

Das braucht ihr
– 1 Batterie 4.5 V
– 1 kurzer Draht
– 1 langer Draht
– 1 feuerfeste Unterlage
– 2 Kabel mit Krokodilklemmen
– 1 Kerze

◁ Fragen
Das sollt ihr herausfinden: Welcher Draht wird wärmer?

1 ◁ Vermuten
Wie könnte die Antwort auf die Forschungsfrage lauten? Ergänzt eure Vermutung.

Wir vermuten, dass der .... Draht wärmer wird.

2 ◁ Durchführen

a Verbindet den *langen* Draht mit der Batterie (Bild).

b Haltet den Draht 5 Sekunden lang an die Kerze. Beobachtet, wie tief sich der Draht in das Wachs brennt.

c Trennt den Draht sofort nach 5 Sekunden von der Batterie. Fasse dabei nur die Krokodilklemmen an!

d Wiederholt die Schritte a–c mit dem *kurzen* Draht.

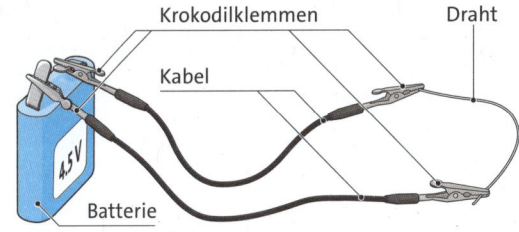

 **Vorsicht**
Drähte nicht berühren, sie können sehr heiss werden!

3 Darstellen

Skizziert oder schreibt auf, was ihr beobachtet habt.

Langer Draht:

Kurzer Draht:

4 Auswerten

a Stimmt eure Vermutung?   ☐ Ja   ☐ Nein

b Was habt ihr herausgefunden? Je .... der Draht ist, desto wärmer wird er.

5 Berichten

Besprecht mit anderen das, was ihr herausgefunden habt.

AM 1.3 N123   NATURWISSENSCHAFTEN ERKUNDEN

Handheizung oder Fussheizung bauen

> **Das braucht ihr**
> — Papier
> — 1.5 m Draht
>   (0.2–0.5 mm dick)
> — 1 Batterie 4.5 V
> — Halbkarton oder Ähnliches

Baut zu zweit eine Heizung für Handschuhe oder Schuhe.

1 Skizziert und beschreibt, wie ihr eine solche Heizung bauen wollt.

2 Baut eure Heizung.

NaTech 7 © Lehrmittelverlag Zürich

3 Funktioniert die Heizung?

JA	**NEIN**
Wie könntet ihr die Heizung noch verbessern? Beschreibt oder skizziert.	Schreibt auf: – Was hat nicht geklappt? – Was könnte der Grund dafür sein? **Tipp** Zeigt eure Heizung anderen und lasst euch beraten.

▶ **Ändert eure Heizung so ab, dass sie besser funktioniert.**

4 Fertig mit allem? Dann überlegt euch einen Namen für eure Heizung.

Zufälle können viel verändern

Entdeckungen und Erfindungen verändern das Leben der Menschen. Entdeckungen und Erfindungen entstehen manchmal durch Zufall. Dazu drei Beispiele.

Penicillin
Alexander Fleming (Bild 1) war ein schottischer Arzt und Forscher. Im Sommer 1928 liess er Glasschälchen mit Bakterien in seinem Labor stehen und ging in die Ferien. Als er zurückkam, war auf den Platten ein Schimmelpilz gewachsen. Rund um den Pilz waren die Bakterien gestorben (Bild 2). Der Pilz hatte also etwas produziert, das die Bakterien tötete. Fleming nannte den Wirkstoff Penicillin.

Manche Bakterien verursachen Krankheiten wie Lungenentzündung oder Blutvergiftung. Ein Medikament gegen solche Krankheiten nennt man Antibiotikum. Penicillin war das erste Antibiotikum. Penicillin wird auch heute noch verwendet.

Bild 1 Alexander Fleming in seinem Labor

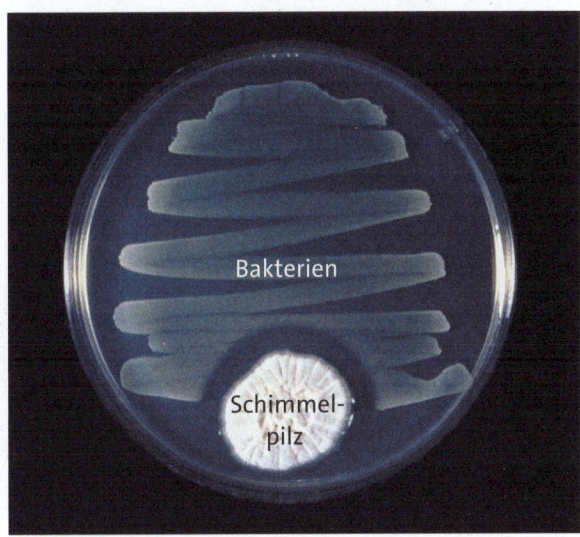

Bild 2 Glasschälchen mit Bakterien und Schimmelpilz, der Bakterien tötet

Post-it
Der Chemiker Spencer Silver sollte einen neuen Superkleber entwickeln. Bei einem seiner Versuche stellte er einen Kleber her, der nicht so gut klebt und sich leicht wieder ablösen lässt. Wofür man diesen Kleber brauchen kann, wurde Jahre später entdeckt. Arthur Fry (Bild 3), ein Arbeitskollege von Silver, verwendete kleine Zettel als Buchzeichen. Fry ärgerte sich darüber, dass die Zettel immer aus dem Buch fielen. So kam er auf die Idee, die Zettel mit dem Kleber zu bestreichen. Das Post-it war erfunden.

Bild 3 Arthur Fry mit Post-it

Künstliche Farbstoffe

William Perkin (Bild 4) wollte 1856 ein Medikament gegen Malaria herstellen. Bei seinen Experimenten fand er aber kein Medikament, sondern einen lila Farbstoff, das Mauvein. Perkin gründete mit seinem Bruder eine Farbstoff-Firma.

Farbstoffe wurden bisher mühsam aus Pflanzen gewonnen und waren deshalb sehr teuer. Der Farbstoff Mauvein konnte billig hergestellt werden. In seiner Fabrik konnte Perkin auch andere Farben billig herstellen. Darum konnten sich schon bald viele Leute bunte Kleider leisten.

Bild 4 William Perkin als junger Mann   **Bild 5** Kleid, das mit Mauvein gefärbt wurde

1 Welche der drei Zufallserfindungen findest du am wichtigsten? Diskutiere mit jemandem aus deiner Klasse.

2 Kennst du selbst zufällige Entdeckungen und Erfindungen? Tauscht euch aus.

Das Mikroskop

1 a Beschreibe, wozu man ein Mikroskop brauchen kann.

....

....

....

b Nenne drei Dinge, die man unter dem Mikroskop anschauen könnte.

....

2 a Ergänze die Beschriftung des Mikroskops. Verwende dazu die Begriffe *Objekttisch*, *Objektivrevolver*, *Grobtrieb* und *Lampe*.
Du kannst dafür in ▶ **TB 6 Mikroskopieren** nachschauen.

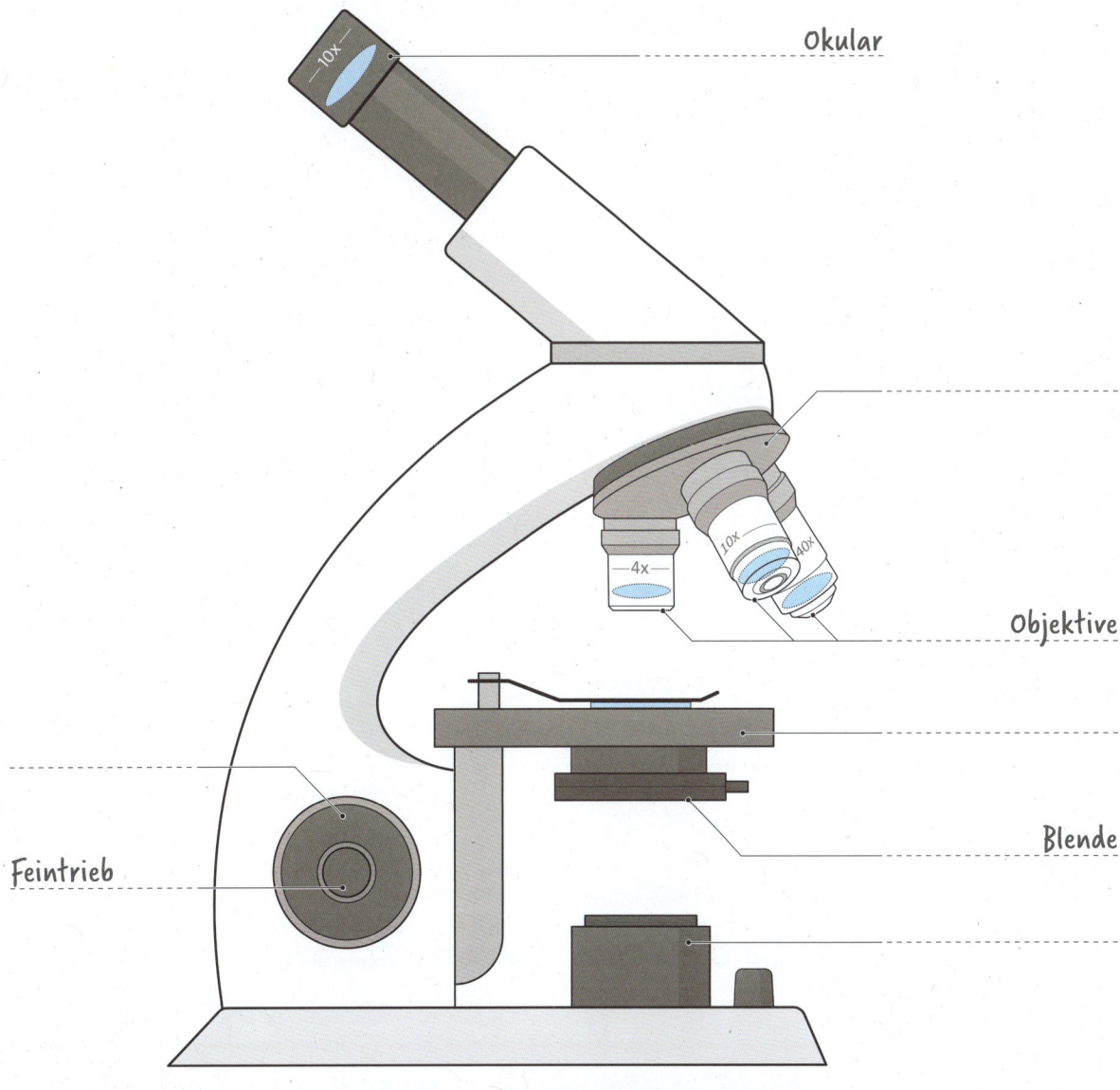

b Kreuze an, wofür die Mikroskopbestandteile benötigt werden.

	Blende	Objektiv	Okular	Grobtrieb	Feintrieb	Lampe
Vergrössern						
Belichten						
Scharfstellen						

c Wofür sind *Objektivrevolver* und *Objekttisch* da? Trage die Begriffe in die Lücken ein:

Auf dem .... liegt das Objekt.

Der .... ermöglicht das Wählen von verschiedenen Vergrösserungen.

3 Berechne die Gesamtvergrösserungen des Mikroskops.

		Objektive		
		4×	10×	40×
Okular	10×			

AM 1.6 N3
NATURWISSENSCHAFTEN ERKUNDEN

Phänomene in Zellen der Wasserpest beobachten

Das braucht ihr
- 1 Mikroskop
- 1 Objektträger
- 1 Pipette
- 1 Pinzette
- 1 Wasserpestblättchen
- 1 Deckglas
- Wasser

1 Erstellt ein Wasserpestpräparat. Geht dabei so vor:

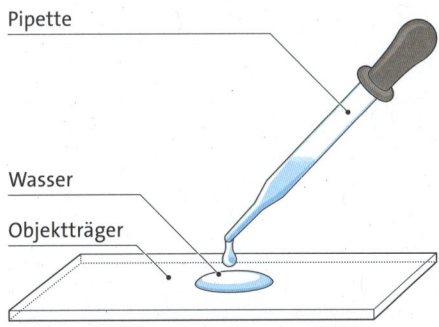

Bild 1 Nehmt einen Objektträger und gebt mit der Pipette ein bis zwei Wassertropfen darauf.

Bild 2 Nehmt mit der Pinzette ein Blättchen der Wasserpest.

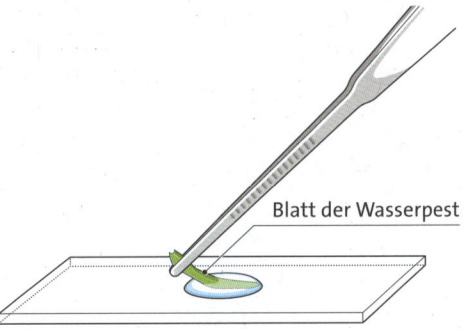

Bild 3 Legt das Blättchen in den Wassertropfen.

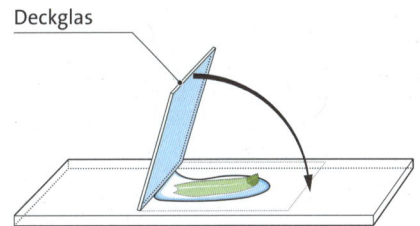

Bild 4 Setzt das Deckglas mit einer Seite auf den Objektträger und senkt es langsam ab. Es sollen möglichst keine Luftblasen unter dem Deckglas sein.

2 Stellt das Mikroskop ein. Geht dabei wie in der Toolbox beschrieben vor (▶ **TB 6 Mikroskopieren**).

3 Beobachtet dieselbe Stelle des Wasserpestblättchens unter dem Mikroskop. Achtet auf Bewegungen der Blattgrünkörner.

4 a Tauscht euch in der Klasse über eure Beobachtungen aus:
- Wo haben sich die Blattgrünkörner hauptsächlich bewegt?
- Wie haben sie sich bewegt (eher schnell oder eher langsam?)?

b Schreibt eure Erkenntnisse auf.

....

....

 Beachtet
Entsorgt die Wasserpestblättchen im Abfall.
Die Wasserpest kann sich sehr schnell ausbreiten.
Daher sollten ihre Blättchen nicht im Lavabo
hinuntergespült werden.

AM 1.8 N23   NATURWISSENSCHAFTEN ERKUNDEN

Samen erkunden

1 Erkunde den Aufbau eines Feuerbohnensamens. Nimm dafür einen gequollenen Feuerbohnensamen. Zerlege mit dem Skalpell und der Pinzette den Samen in folgende Bestandteile: Samenhaut, zwei Keimblätter und kleine Pflanze. Erstelle eine naturwissenschaftliche Zeichnung und beschrifte die Bestandteile (▶ **TB 14 Zeichnung erstellen**).

> **Das brauchst du**
> – 1 trockener Feuerbohnensamen
> – 1 gequollener Feuerbohnensamen
> – 1 Skalpell
> – 1 Pinzette
> – 1 Lineal
> – 1 Waage
> – 1 Glas Wasser
> – 1 Glas oder Becher
> – Watte

2 Vergleiche einen trockenen mit einem gequollenen Feuerbohnensamen.

  a Nimm einen trockenen Feuerbohnensamen. Miss mit dem Lineal die Länge und bestimme mit der Waage die Masse.

    Länge: _____

    Masse: _____

  b Lege nun denselben Feuerbohnensamen für einen Tag in ein Glas Wasser. Miss erneut die Länge und bestimme erneut die Masse.

    Länge: _____

    Masse: _____

> ⚠️ **Beachte**
> Behalte deinen gequollenen Feuerbohnensamen, du brauchst ihn noch bei Auftrag 3.

  c Vergleiche deine Ergebnisse von Auftrag 2a und Auftrag 2b. Beschreibe, was du feststellen kannst.

3 Beobachte die Entwicklungsschritte eines Feuerbohnensamens.

a Nimm dafür ein Glas oder einen Becher mit Watte.

b Nimm deinen gequollenen Feuerbohnensamen aus Auftrag 2b und pflanze ihn an den Glasrand (Bild).

c Halte die Watte feucht.

d Beobachte in den nächsten Tagen, wie dein Samen wächst. Lege dazu ein Beobachtungsprotokoll an. Dafür kannst du den Platz unten nutzen. Ein Beispiel für ein Beobachtungsprotokoll ist das ▶OM 1.7.

 Beachte

Damit sich der Feuerbohnensamen entwickeln kann, muss die Watte feucht sein. Der Feuerbohnensamen darf jedoch nicht im Wasser schwimmen, da er so nicht keimen und wachsen kann.

AM 1.9 N3   NATURWISSENSCHAFTEN ERKUNDEN

Keimungsexperimente mit Kressesamen

Untersucht zu zweit, ob Salz die Keimung und das Wachstum von Kressesamen beeinflusst.

Das braucht ihr
- 3 leere PET-Flaschen (0.5 l)
- 1 Kaffeelöffel
- 3 Schälchen
- Watte
- Wasser
- Salz
- Kressesamen

Fragen
Wie beeinflusst Salz die Keimung und Entwicklung von Kressesamen?

1 Vermuten
Überlegt, was die Antwort auf die Forschungsfrage sein könnte. Schreibt eure Vermutung auf.

_____

_____

2 Durchführen
Führt ein Experiment zum Untersuchen der Forschungsfrage durch.

a Beschriftet drei Schälchen und drei Flaschen mit 1, 2 und 3.

b Legt in den drei Schälchen Watte aus.

c Streut bei allen drei Schälchen etwa gleich viele Kressesamen auf die Watte.

d Füllt die Flaschen:
   – **Flasche 1:** Wasser
   – **Flasche 2:** Wasser und ½ Kaffeelöffel Salz
   – **Flasche 3:** Wasser und 2 Kaffeelöffel Salz

e Schüttelt die Flaschen gut, bis sich das Salz aufgelöst hat.

f Giesst die drei Schälchen regelmässig eine Woche lang mit den dazugehörenden Flaschen (siehe Bild).

 Beachtet

Gebt den Kressesamen nicht zu viel Wasser. Die Kressesamen dürfen nicht im Wasser schwimmen, sondern sie sollen nur auf feuchter Watte liegen.

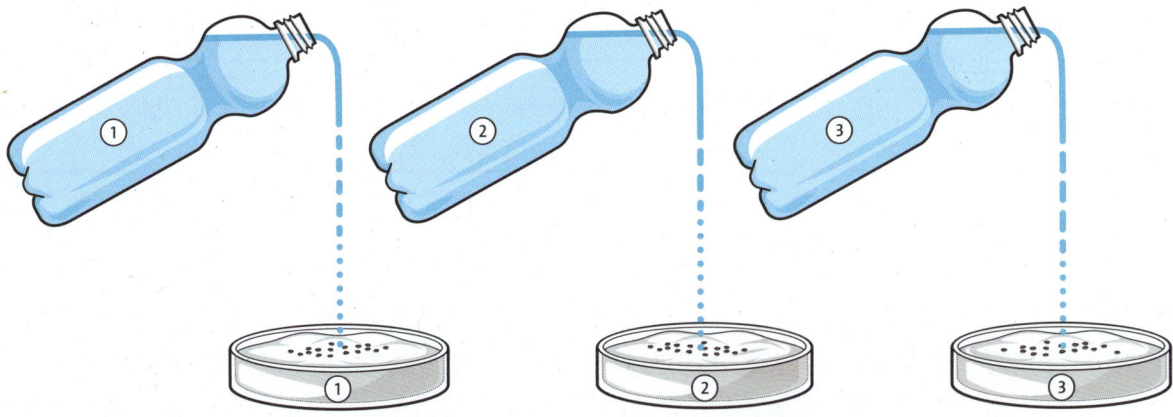

g Beobachtet die Entwicklung der Kressesamen eine Woche lang.

3 ↗ ◁ **Darstellen**
Haltet eure Beobachtungen in einem Beobachtungsprotokoll fest.
Hilfe zum Beobachtungsprotokoll findet ihr in ▶**OM 1.7**.

4 ◁ **Auswerten**
  a Beantwortet die Forschungsfrage.

....

....

  b Vergleicht die Antwort mit eurer Vermutung. War eure Vermutung richtig?

     ☐ Ja   ☐ Nein

5 ◁ **Berichten**
Tauscht eure Ergebnisse in der Klasse aus.

6 ◁ **Weiterdenken**
Im Winter wird oft Salz auf die Strassen gestreut, damit das Eis schmilzt und die Strassen nicht glatt sind.

  a Diskutiert und überlegt mit anderen aus der Klasse, welchen Einfluss das gestreute Salz im Winter auf die Pflanzen haben könnte.

  b Macht Vorschläge zu Alternativen, die man anstelle von Salz einsetzen könnte.

Wichtige Organe unseres Körpers

1 Beschrifte im unten stehenden Bild die folgenden Organe: Darm, Gehirn, Herz, Leber, Lunge, Magen und beide Nieren.

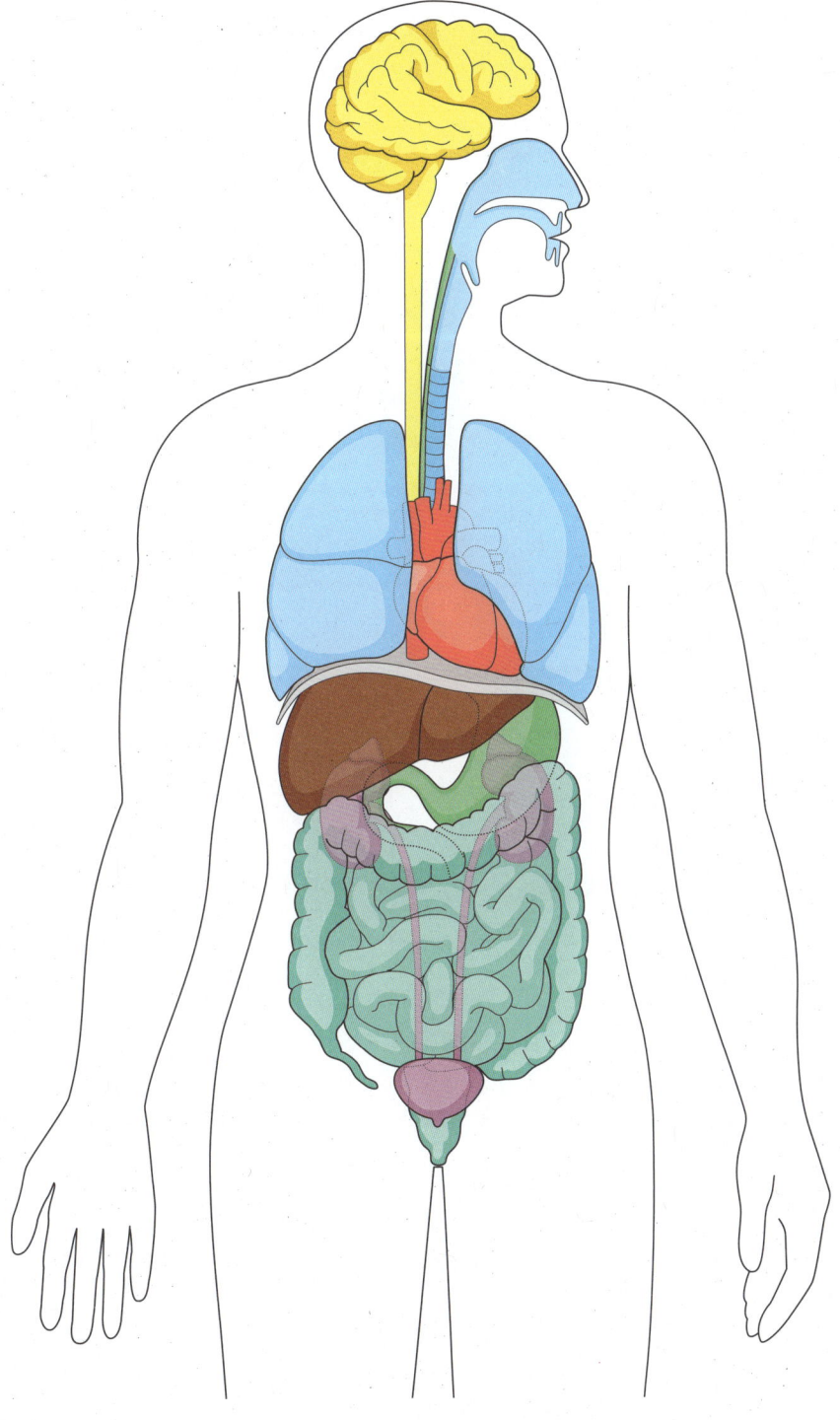

2 Kennst du noch weitere Organe? Zeichne sie ein.

AM 2.2 N3   DEN KÖRPER ANALYSIEREN

Welche Organe sind am wichtigsten?

1 Ordnet zu zweit die folgenden Organe nach ihrer Wichtigkeit:
Darm, Gehirn, Herz, Leber, Lunge, Magen und Nieren.

An erster Stelle in eurer «Rangliste» sind die wichtigsten Organe.
Das sind Organe, ohne die man nicht lange leben kann.

Organ-Rangliste:

1. .... 5. ....

2. .... 6. ....

3. .... 7. ....

4. ....

2 Hier sind die wichtigsten Organe beschrieben.

a Lest die Beschreibungen.

b Ordnet jeder Beschreibung das passende Organ zu. Verbindet mit Linien.

Organe	Beschreibungen
Leber	**Verdauung und Aufnahme:** Nahrung in Nährstoffe zerlegen, Nährstoffe ins Blut abgeben
Lunge	**Blutpumpe:** alle Körperteile mit lebenswichtigen Stoffen versorgen
Darm	**Entgiftung:** Giftstoffe bekämpfen, Verdauungssäfte herstellen
Herz	**Atmung:** Sauerstoff aus der Luft aufnehmen
Nieren	**Vorverdauung:** Nahrung zerkleinern und mischen, gefährliche Bakterien töten
Gehirn	**Ausscheidung:** flüssigen Abfall durch den Urin ausscheiden
Magen	**Bewusstsein und Steuerung:** den Körper steuern

AM 2.4 N3   DEN KÖRPER ANALYSIEREN

Wenn Gegenspieler zusammenspielen: Modell des Ellenbogengelenks

Baut zu zweit ein einfaches Modell des Ellenbogengelenks. Das Modell soll auch die Muskeln darstellen, die für das Beugen und Strecken des Arms zuständig sind. Bei den Knochen könnt ihr die beiden Unterarmknochen (Speiche und Elle) zu einem Knochen zusammenfassen.

Das braucht ihr
- 2 Holzlatten (ca. 0.5 cm × 3 cm × 20 cm)
- 1 Scharnier
- 6 Schrauben
- 1 Schraubendreher
- 2 Luftballone
- Vogelsand zum Füllen der Ballone
- Schnur
- Schere

1 Planung
Zuerst müsst ihr das Modell planen.

a Julia und Milan haben ein Modell des Ellenbogengelenks geplant. Betrachtet ihre Skizzen.

Planung von Julia

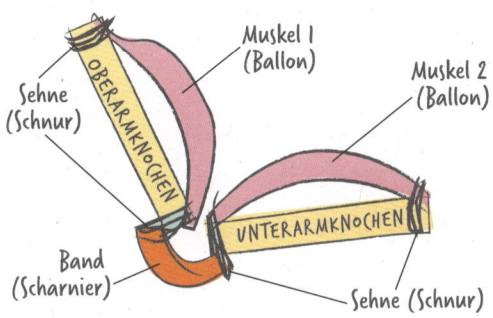

Planung von Milan

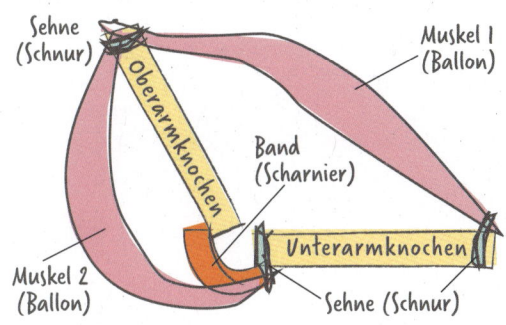

b – Überlegt, ob die Planungen von Julia und Milan sinnvoll sind. Vergleicht mit eurem eigenen Ellenbogen.
  – Lest in Unterkapitel 2.2 des Grundlagenbuchs die beiden Abschnitte «Gelenke brauchen wir, um uns zu bewegen» und «Muskeln funktionieren nach dem Gegenspielerprinzip».

c Kreist in den beiden Planungen oben mögliche Fehler ein.

Tipp
  – Reichen die Muskeln über das Gelenk hinaus? Dies ist wichtig, da eine Bewegung nur stattfinden kann, wenn ein Muskel vom ersten Knochen über das Gelenk am zweiten Knochen befestigt ist.
  – Sind die Muskeln an sinnvollen Stellen mit den Knochen verbunden? Prüft an den Muskeln eures eigenen Ellbogens.

d Plant ein eigenes Modell des Ellenbogengelenks. Beachtet dazu auch das zur Verfügung stehende Material.

e Skizziert euer Modell des Ellbogengelenks.

f Schreibt in Stichworten auf: Was habt ihr im Vergleich zu Julia und Milan verbessert?

....

....

....

2 Bau des Modells
Besprecht eure eigene Planungsskizze mit eurer Lehrerin oder eurem Lehrer.
Vielleicht müsst ihr eure Planung noch einmal überarbeiten.
Dann aber nichts wie los: Baut euer eigenes Modell.

3 Wie gut ist euer Modell?
Bewertet euer Modell mithilfe der Checkliste aus ▶ **TB 25 Modelle nutzen**.

AM 2.5 N3 — DEN KÖRPER ANALYSIEREN

Beim Gehen spielen viele Muskeln zusammen

1 Beim Gehen sind Hüftgelenk, Kniegelenk und Fussgelenk beteiligt.
   Das Standbein bleibt auf dem Boden. Das Schwungbein wird nach vorne bewegt.

   a   Betrachte die Abbildung. Beschrifte das Standbein und das Schwungbein.

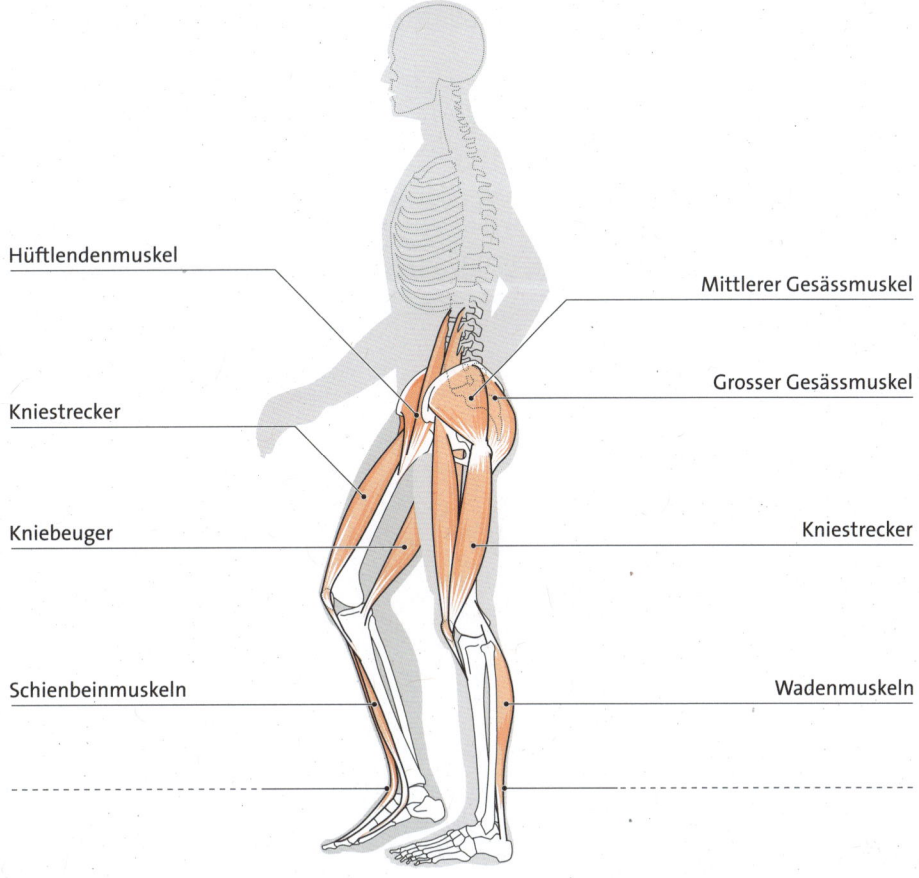

   b   Ertaste an dir selbst am Schwungbein und am Standbein:
       Welche Muskeln werden angespannt, wenn du langsame Gehbewegungen ausführst?

   c   **Aktive Muskeln beim Schwungbein**

       Der .... hebt den Oberschenkel nach vorne.

       Dabei hilft der .... etwas mit.

       Der .... stabilisiert das Knie.

       Die .... heben Fuss und Zehen an.

   d   **Aktive Muskeln beim Standbein**

       Der mittlere und der grosse Gesässmuskel stabilisieren den .... und

       das Becken. Kniestrecker und Kniebeuger halten das .... im Gleichgewicht.

       Schienbeinmuskeln und Wadenmuskeln stabilisieren den ....

Gut zu wissen

– Wenn du trainierst, dann werden nicht mehr Muskelfasern gebildet. Es werden mehr Muskelproteine gebildet. Dadurch vergrössert sich der Umfang deiner Muskelfasern.
– Damit dein Training wirkt, musst du dich auch richtig ernähren. Wenn dein Körper zum Beispiel keine Proteine bekommt, kann er auch keine neuen Muskelproteine bilden. Im Gegenteil: Er baut sie sogar ab.

2 Weiteres Bewegungsbeispiel: Bücken

a Markiere die entspannten Muskeln blau und die angespannten Muskeln rot.

b Kennzeichne Gegenspieler-Muskeln. Bezeichne dazu die zusammengehörenden Paare mit den Zahlen 1 bis 4.

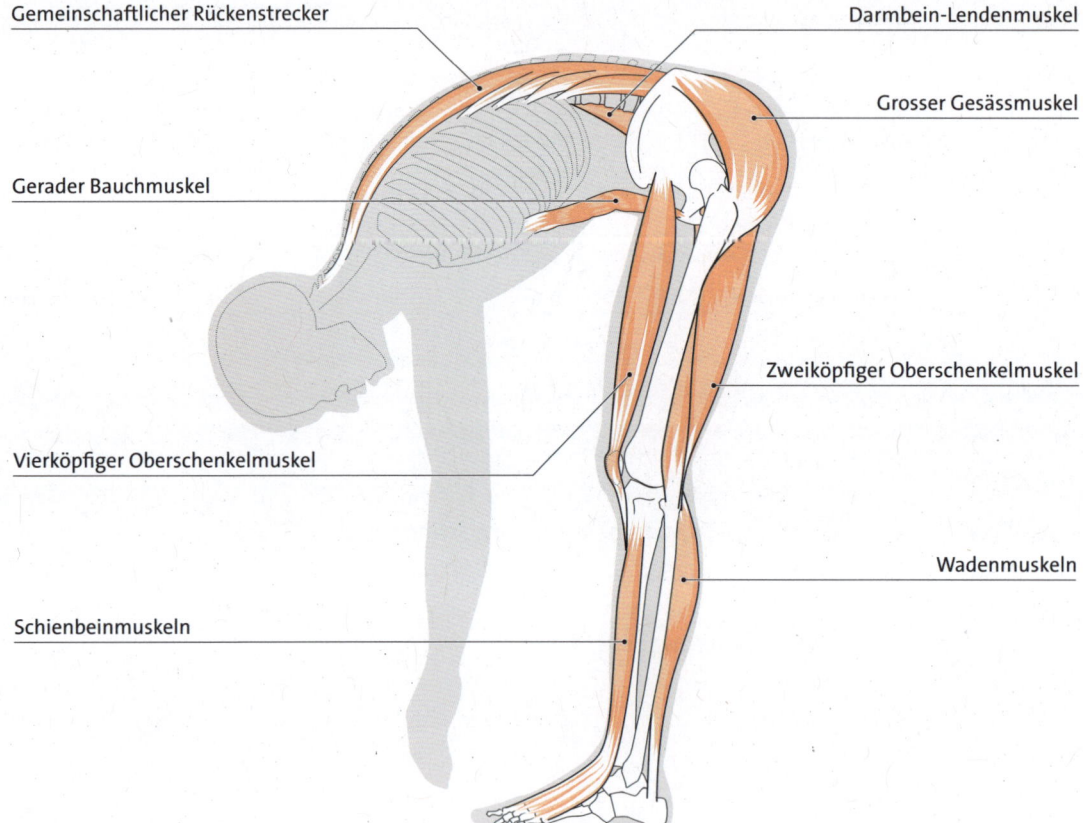

Was aus der Luft brauchen wir?

Luft ist ein Gemisch aus verschiedenen gasförmigen Stoffen. Bild 1 zeigt die wichtigsten Bestandteile der Luft.

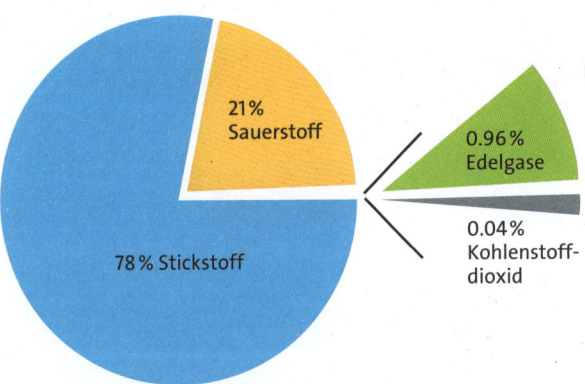

Bild Bestandteile der Luft

1 Beantworte mithilfe des Bildes die folgenden Fragen.

a Welcher gasförmige Stoff macht den grössten Anteil der Luft aus?

b Welcher gasförmige Stoff der Luft spielt für uns Menschen und für viele Lebewesen eine wichtige Rolle?

c Wie viele Prozente der Luft macht dieser gasförmige Stoff aus?

2 Einatmungsluft und Ausatmungsluft

Die Luft, die wir einatmen, ist nicht gleich zusammengesetzt wie die Luft, die wir ausatmen.

Die folgende Tabelle zeigt, wie die Einatmungsluft und die Ausatmungsluft zusammengesetzt sind.

Einatmungsluft	Gas	Ausatmungsluft
78 %	Stickstoff	78 %
21 %	Sauerstoff	17 %
0.04 %	Kohlenstoffdioxid	4 %
0.96 %	Edelgase	0.96 %

a Nenne die Unterschiede zwischen der Einatmungsluft und der Ausatmungsluft.

b Suche nach einer Erklärung für die gefundenen Unterschiede.
Schreibe deine Antwort in wenigen Sätzen auf.

Tipp Lies im Grundlagenbuch in Unterkapitel 2.3 noch einmal die Absätze
«Weshalb stirbt man, wenn man nicht atmet?»
und «Stoffumwandlung: Was passiert in den Zellen?».

AM 2.7 N23   DEN KÖRPER ANALYSIEREN

Sauerstoff und Kohlenstoffdioxid – zwei wichtige Gase

Einem Gas sieht man oft nicht an, aus welchen Bestandteilen es besteht. Deshalb ist es hilfreich, wenn du wichtige Gase mit einem geeigneten Verfahren nachweisen kannst. Deine Lehrerin oder dein Lehrer hat dir mit Demonstrationsversuchen Nachweisverfahren für die beiden Gase Sauerstoff und Kohlenstoffdioxid gezeigt.

Unten sind diese beiden Nachweisverfahren unvollständig beschrieben.

1 Nachweisverfahren für Sauerstoff: Die Glimmspanprobe

a Wie ist das Vorgehen? Ergänze die Lücken.

Vorgehen:

1 _____ zum Glimmen bringen.

2 Den glimmenden _____ in das zu untersuchende Gas halten.

b Erstelle eine Skizze zur Vorgehensweise.

Skizze:

c Ergänze den Merksatz.

Merksatz
Wenn der Holzspan _____ , enthält das Gas viel _____ .

2   Nachweisverfahren für Kohlenstoffdioxid: Die Kalkwasserprobe

a   Wie ist das Vorgehen? Ergänze die Lücken.

Vorgehen:

1 Etwas _____ in das Becherglas geben.

2 Das zu untersuchende Gas in das _____ leiten.

b   Erstelle eine Skizze zur Vorgehensweise.

Skizze:

c   Ergänze den Merksatz.

Merksatz
Wird das _____ trübe, enthält das Gas _____ .

Ein Lungenmodell bauen

1 Baut zu zweit mit dem vorhandenen Material das abgebildete Modell der Lunge. Geht dazu wie folgt vor.

Das braucht ihr
- 1 PET-Flasche (1.5 l)
- 2 Trinkhalme
- 2 rote Luftballone
- 1 blauer Luftballon
- 2 Gummis
- Plastilin oder Knete
- 1 Cutter oder 1 Schere

a Schneidet die untere Hälfte der Plastikflasche ab. Der obere Teil wird der Brustraum.

b Befestigt die roten Ballone mit Gummis an den Trinkhalmen. Die Gummis müssen fest gewickelt sein.

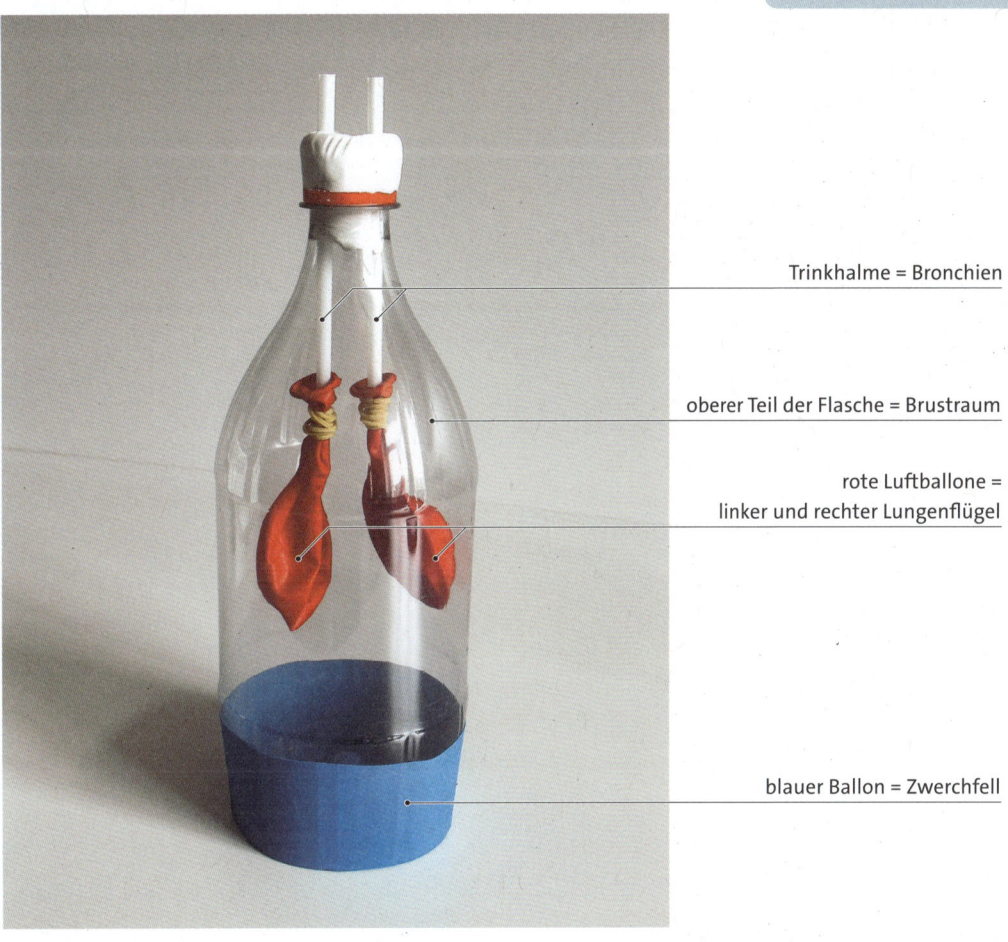

Trinkhalme = Bronchien

oberer Teil der Flasche = Brustraum

rote Luftballone = linker und rechter Lungenflügel

blauer Ballon = Zwerchfell

c Steckt beide Ballone in die Flasche.

d Verschliesst den Flaschenhals luftdicht mit Knetmasse. Am besten von innen den Finger dagegenhalten und oben draufdrücken, damit die Knetmasse keine Luft durchlässt. Die Trinkhalme müssen etwas über die Knetmasse hinausschauen.

e Nehmt den blauen Ballon. Schneidet den Hals des Ballons ab. Stülpt den oberen Teil des Ballons über die abgeschnittene Flasche.

2 Was passiert in eurem Lungenmodell?

a Testet euer Modell aus: Zieht dazu am blauen Ballon.

b Beobachtet, was mit den zwei roten Ballonen geschieht.

c Beschreibt in Stichworten, was im Modell passiert.

....

....

....

3 Wie gut ist euer Lungenmodell?

Beantwortet die folgenden Fragen. ▶**TB 25 Modelle nutzen** hilft euch dabei.

a Was an eurem Lungenmodell stimmt mit dem Original überein? Was nicht?

....

....

....

....

....

Tipp Schaut im Grundlagenbuch in Unterkapitel 2.4 Bild 1 und auf ▶**OM 2.8** die Bilder an.

b Mit eurem Lungenmodell lässt sich nur die Bauchatmung zeigen. Erklärt, weshalb mit eurem Modell die Brustatmung nicht gezeigt werden kann.

....

....

....

....

Blut – mehr als nur eine rote Flüssigkeit

Blut kann am Gerinnen gehindert werden, wenn man es mit einem bestimmten Salz vermischt. Lässt man solches Blut stehen, so werden einige der Bestandteile des Bluts sichtbar. Das Ergebnis siehst du im folgenden Bild.

1 Vervollständige die Beschriftung. Ergänze möglichst alle Bestandteile, die in Unterkapitel 2.5 des Grundlagenbuchs erwähnt werden.

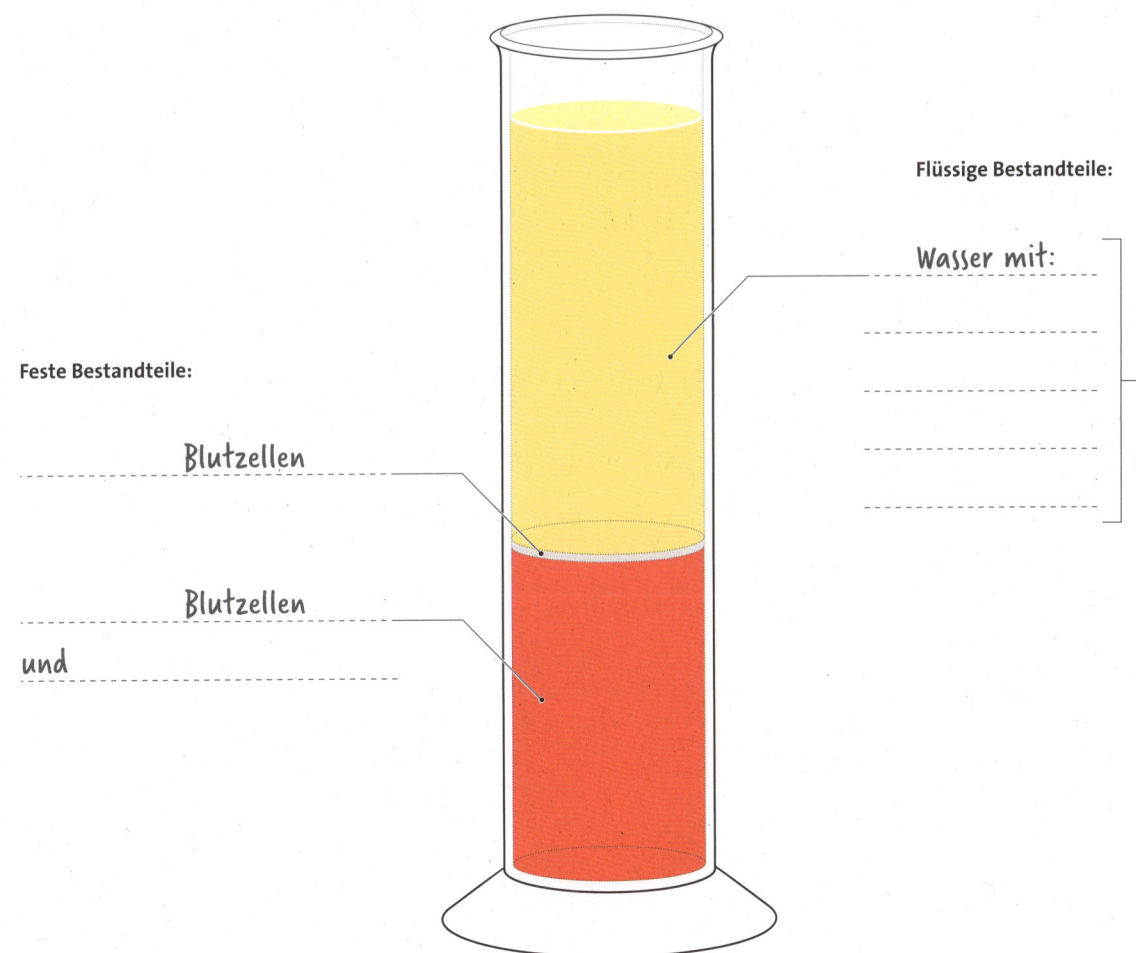

AM 2.11 N123   DEN KÖRPER ANALYSIEREN

Blut unter dem Mikroskop

1 Einen Blutausstrich herstellen

a Lege einen Objektträger vor dich hin.

b Gib mit der Pipette 1–2 Tropfen Blut darauf.

c Lege die schmale Kante des zweiten Objektträgers an den Bluttropfen. Warte, bis sich das Blut entlang der Glaskante verteilt hat.

d Drücke den Objektträger mit dem Blut nach links und verstreiche so den Tropfen.

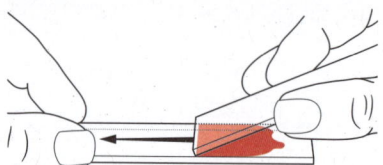

Das brauchst du
- 1 Mikroskop
- 2 Objektträger
- 1 Pipette
- 1 kleine Glasschale mit Blut

 Vorsicht

Blut kann Krankheitserreger enthalten. Vermeide direkten Kontakt mit Blut.

2 Den Blutausstrich betrachten und zeichnen

a Lege den Blutausstrich unter das Mikroskop.
Falls du dir nicht mehr sicher bist, wie das genau geht: ▶ **TB 6 Mikroskopieren**.

b Betrachte den Blutausstrich.
Falls du nicht mehr sicher bist, worauf du achten musst: ▶ **TB 5 Beobachten**.

c Zeichne den Blutausstrich.
Falls du nicht mehr genau weisst, wie das geht: ▶ **TB 14 Zeichnung erstellen**.

Herz: Da ist etwas durcheinandergeraten!

1 Alle paar Sekunden schlägt dein Herz. Aber wie ist das Herz eigentlich genau aufgebaut? Hier siehst du schematisch verschiedene Herzen im Querschnitt gezeichnet.
Welches ist am ehesten so gebaut wie ein richtiges Herz?

Begründe deine Wahl in Stichworten.

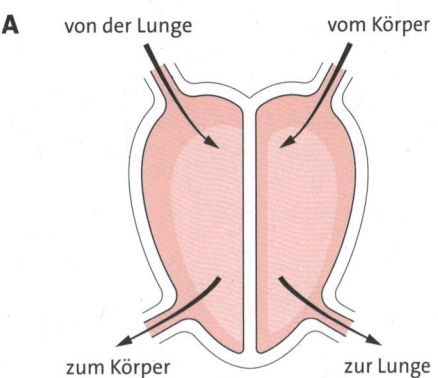

A

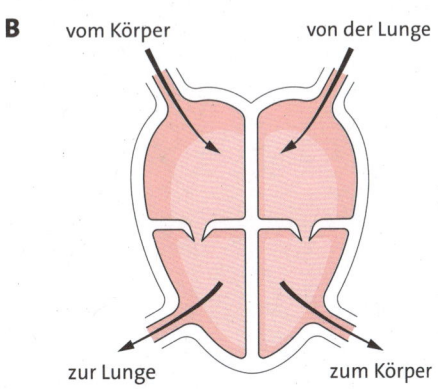

B

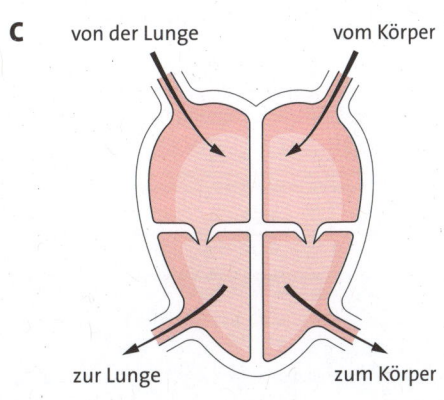

C

2 Vergleiche diese Skizzen mit Infografik 5 in Unterkapitel 2.6 des Grundlagenbuchs:

a In wie viele Bereiche ist das Herz unterteilt?

Herz in Infografik 5 im Grundlagenbuch: ....

Skizze A: ....

Skizze B: ....

Skizze C: ....

b Wie sind die Blutgefässe angeordnet? Beschreibe die Unterschiede von Infografik 5 zu den Skizzen.

....

....

....

....

AM 2.13 N3 DEN KÖRPER ANALYSIEREN

Stofftransport:
Wir haben mehr als einen Blutkreislauf

Das Bild auf der Rückseite zeigt das Herz und die Blutkreisläufe.

1 Verschaffe dir einen Überblick über das Bild: Wo ist das Herz?

2 Überall wo sich auf dem Bild die Blutgefässe in feine Äste aufteilen, sind lebenswichtige Organe. Einige der Organe sind bereits eingetragen. Beschrifte Lunge, Gehirn und Leber.

Tipp Zu Beginn dieses Kapitels hast du ▶AM 2.1 mit lebenswichtigen Organen bearbeitet. Nimm es zu Hilfe.

3 Rund um das Herz ist mit Pfeilen die Fliessrichtung des Blutes eingetragen. Zeichne bei jeder Verzweigung weitere Pfeile ein, damit klar ist, in welche Richtung das Blut fliesst.

Herz

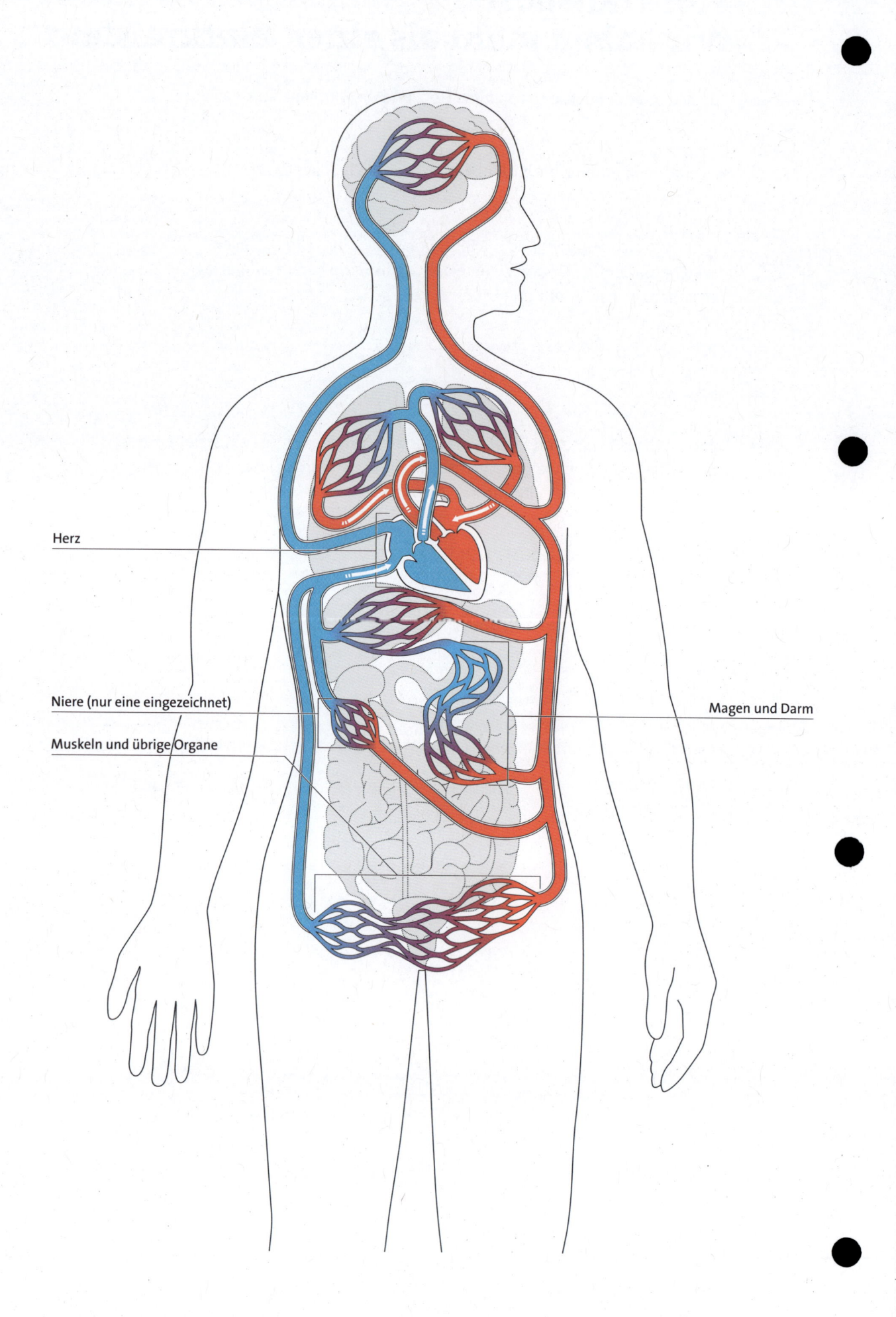

Niere (nur eine eingezeichnet)

Muskeln und übrige Organe

Magen und Darm

AM 2.14 N23 DEN KÖRPER ANALYSIEREN

Wie kommt es zum Herzinfarkt und was kann man dagegen machen?

1 Lies den Steckbrief des Herzinfarkts auf ▶OM 2.15.

2 Nenne fünf beeinflussbare Faktoren, die zu einem Herzinfarkt führen könnten.

3 Nenne drei nicht beeinflussbare Faktoren, die zu einem Herzinfarkt führen könnten.

4 Nenne vier Möglichkeiten, einem Herzinfarkt vorzubeugen.

5 Erkläre jemandem aus deiner Klasse in deinen eigenen Worten:

a Was erhöht die Gefahr, einen Herzinfarkt zu bekommen?

b Wie kannst du bereits in deinem Alter gegen einen Herzinfarkt vorbeugen?

Hier kannst du Notizen machen:

....

....

....

....

....

....

AM 2.15 N23   DEN KÖRPER ANALYSIEREN

Fragen zu den Entsorgungssystemen des Körpers

1 Was weisst du über Lunge, Darm, Nieren und Leber?

Schreibe deine Vermutungen mit Bleistift auf.

   a Welche Stoffe werden über die Lunge abgegeben?

   b Was machen Bakterien im Dickdarm? Machen uns solche Bakterien nicht krank?

   c Weshalb ist der Urin nicht immer gleich gelb gefärbt?

   d Was haben die Nieren mit Durst und mit Blutdruck zu tun?

   e Wie kann die Leber, unsere Entgiftungsstation, selbst vergiftet werden?

2 Lies nun Unterkapitel 2.8 im Grundlagenbuch. Stimmten deine Vermutungen? Korrigiere falls nötig deine Vermutungen.

Die Verhütungsmethoden im Überblick

Die Tabelle gibt einen Überblick über die vier häufigsten Arten der Verhütung. Innerhalb einer Art der Verhütung sind die Wirkungsweisen der Verhütungsmethoden ungefähr ähnlich.

1
a Wie wird verhindert, dass es zu einer Befruchtung kommt?
Lies zu jeder Art der Verhütung in der linken Spalte die Wirkungsweise.

b Trage in der rechten Spalte ein, für wie sicher du die Verhütungsmethode hältst.

c Schaue nach dem Bearbeiten von ▶AM 2.17 deine Schätzungen noch einmal an. Korrigiere deine Schätzung.

Vier Arten der Verhütung	Beispiele	Sicherheit 1 = sehr sicher 10 = sehr unsicher	
		Meine Schätzung	Jetzt weiss ich es
1 Natürlich Wirkungsweise: Ermittlung der fruchtbaren und unfruchtbaren Tage im Monatszyklus der Frau. Dann Sex nur an den unfruchtbaren Tagen.	Temperaturmessung bei der Frau		
	Kalendermethoden (Knaus-Ogino)		
2 Mechanisch, Barriere Wirkungsweise: Spermien werden daran gehindert, zur reifen Eizelle zu gelangen.	Kondom		
	Femidom (Kondom für Frauen)		
	Zurückziehen des Penis vor Ejakulation (Coitus interruptus)		
	Diaphragma, Portiokappe		
	Kupferspirale oder Kupferkette		
	Sterilisation		

Arten der Verhütung	Beispiele	Sicherheit 1 = sehr sicher 10 = sehr unsicher	
		Meine Schätzung	Jetzt weiss ich es
3 Hormonell Wirkungsweise: Eingenommene Stoffe ähnlich den weiblichen Geschlechtshormonen verhindern den Eisprung. Ohne reifes Ei kann auch keine Befruchtung stattfinden.	Pille, Mini-Pille		
	Hormonpflaster, Hormonstäbchen		
	Vaginalring		
	Hormonspirale		
	Hormonimplantat		
4 Chemisch Wirkungsweise: Spermien werden chemisch in der Scheide abgetötet.	Salben, Cremes		
	Gels		
	Zäpfchen		
Notfall (bis maximal 3 Tage nach dem Sex) Wirkungsweise: Sehr hohe Dosen hormonähnlicher Stoffe verhindern einen Eisprung. Starke und lange andauernde Nebenwirkungen!	Pille danach (Wenn es schon zu spät ist: Jemand hatte bereits Geschlechtsverkehr und befürchtet, schwanger zu werden.)		

AM 2.17 N3 DEN KÖRPER ANALYSIEREN

Verhütung, gewusst wie!

1 Wähle eine Verhütungsmethode aus der Spalte «Beispiele» von ▶AM 2.16.
Wie funktioniert diese Verhütungsmethode genau? Recherchiere im Internet.
Deine Lehrerin oder dein Lehrer gibt dir gute Internetadressen an.

2 Suche nach Antworten zu folgenden Fragen.

    a Wirkungsweise:
    Wie verhindert deine Methode eine Schwangerschaft?

    b Anwendung:
    Was muss mit deinem Verhütungsmittel genau gemacht werden,
    damit es nicht zu einer Schwangerschaft kommt?

    c Sicherheit:
    Wie sicher verhindert deine Methode eine Schwangerschaft?

    d Vorteile:
    Was an deiner Methode findest du gut, besonders praktisch oder einfach?

    e Nachteile:
    Was an deiner Methode findest du negativ, mühsam, allenfalls sogar gefährlich?

    f Beschaffung und Preis:
    Wie und wo kann man dein Verhütungsmittel bekommen?
    Wie teuer ist es?

3 Gute Internetseiten zu Verhütungsmethoden
Bei deiner Recherche hast du verschiedene Internetseiten benutzt.
Schreibe hier die Adressen von zwei bis drei Internetseiten auf,
die du besonders hilfreich findest.

....

....

....

AM 2.18 N123   DEN KÖRPER ANALYSIEREN

Wahl eines Verhütungsmittels

Wenn es so weit ist und du verhüten möchtest: Welches Verhütungsmittel würdest du wählen? Die folgende Checkliste kann dir bei der Auswahl helfen.

Für ▶AM 2.17 hast du von deiner Lehrerin oder deinem Lehrer gute Internetadressen erhalten. Diese Internetseiten helfen dir vielleicht beim Ausfüllen der Checkliste:

	Fragen	Meine Antworten
Sicherheit	Welche Methoden finde ich sicher genug?	
	Gibt es Verhütungsmittel, die gleichzeitig auch vor sexuell übertragbaren Krankheiten schützen?	
Beschaffungsmöglichkeiten und Preis	Welche Verhütungsmittel kann ich einfach besorgen?	
	Bei welchen Verhütungsmitteln muss ich meine Ärztin oder meinen Arzt fragen?	
	Wie viel kosten die verschiedenen Verhütungsmittel ungefähr im Monat?	
	Wie viel Geld will ich für Verhütung ausgeben?	
Anwendung und Nebenwirkungen	Welche Methoden scheinen mir einfach in der Anwendung?	
	Gibt es Methoden, die mir peinlich wären?	
	Gibt es Methoden, die mir unangenehm wären?	
	Welche Methoden haben die geringsten Nebenwirkungen für mich?	

Einbezug der Partnerin / des Partners	Möchte ich allein die Verantwortung für die Verhütung übernehmen?	
	Möchte ich die Verantwortung für die Verhütung meiner Partnerin / meinem Partner überlassen?	
	Ist es mir wichtig, dass wir die Verhütung gemeinsam als Paar festlegen?	

Für folgende Verhütungsmittel würde ich mich entscheiden:

....

....

....

AM 3.1 N123   REIZE UND SINNE UNTERSUCHEN

Getränke testen

Arbeitet zu zweit und helft einander. Da ihr mit verbundenen Augen nicht schreiben könnt, muss das eure Partnerin oder euer Partner übernehmen.

Das braucht ihr
– 1 Augenbinde
– verschiedene Getränke

1 a Verbinde die Augen. Der oder die andere holt zwei Getränke.

b Klemm dir die Nase, wie auf dem Bild, zusammen.

c Nimm von jedem Getränk einen kleinen Schluck. Was nimmst du wahr?

Vermute: Was hast du getrunken?

d Klemm die Nase nicht mehr zusammen. Nimm von jedem Getränk noch einmal einen Schluck. Was nimmst du wahr?

Vermute: Was hast du getrunken?

e Nimm die Augenbinde ab und schau die Getränke an. Wenn du die Getränke bis jetzt noch nicht erkannt hast: Erkennst du sie jetzt? Wenn ja, dann korrigiere oder ergänze bei d.

Tauscht nun die Rollen. Geht genau gleich mit zwei anderen Getränken vor.

2 Schreibe auf, was du bei diesem Experiment gelernt hast.

....

....

....

3 Lies den Text «Schmecken und riechen» im Grundlagenbuch, Unterkapitel 3.2.
Beantworte dann mit diesen Informationen und durch Überlegen die beiden Fragen:

   a Wie nimmst du das Aroma von Lebensmitteln wahr?

   ....

   ....

   b David behauptet: «Geschmack und Aroma sind dasselbe.»
      Entscheide, ob David recht hat. Begründe deine Entscheidung.

   ....

   ....

4 Heute musst du dir selten Sorgen machen, dass Essen dich krank machen könnte.
Früher, als die Menschen noch Beeren, Pilze und Nüsse zum Essen sammelten
und auf die Jagd gingen, war das anders.

Überlege und schreibe auf, warum es damals besonders wichtig war, Lebensmittel
mit den Augen, der Nase und dem Mund wahrnehmen zu können.

....

....

AM 3.2 N123   REIZE UND SINNE UNTERSUCHEN

Reflexe und ihre Aufgaben

1 Arbeitet zu zweit. Probiert die drei Reflexe gegenseitig aus:

   a Beschreibt den Reiz und die Reaktion.

   b Überlegt und schreibt auf, welche Aufgabe diese Reflexe erfüllen.

	Reiz	Reaktion	Aufgabe des Reflexes
Kniesehnenreflex Schlage mit der Handkante leicht gegen den Bereich unterhalb der Kniescheibe.	Schlag mit der Handkante		Beim Aufspringen, Treppensteigen oder Stolpern wird die Kniesehne sehr schnell gestreckt. Dadurch spannen sich im Bein die richtigen Muskeln und man fällt nicht hin.
Pupillenreflex Leuchte der anderen Person mit einer Taschenlampe 1–2 Sekunden in ein Auge. Beobachte die Pupillen.			
Lidschlussreflex 1. Berühre die Wimpern. 2. Blase von der Seite in das Auge.			

NaTech 7 © Lehrmittelverlag Zürich

2 Überlegt und beschreibt: Welche Aufgabe erfüllen die beiden Reflexe, die hier beschrieben sind?

Wenn du dich verschluckst, gelangt ein bisschen Essen oder Trinken in die Luftröhre. Du musst dann husten.

....

....

....

....

Wenn du hinfällst, dann stützt du dich reflexartig mit den Händen ab.

....

....

....

....

AM 3.3 N23   REIZE UND SINNE UNTERSUCHEN

Zwei verschiedene Arten der Reizverarbeitung

Bei einem Reflex werden die Reize anders verarbeitet als bei einer normalen Reaktion. Im Grundlagenbuch, Unterkapitel 3.3, und in AM 3.2 hast du die beiden Arten kennen gelernt.

In den beiden Bilderfolgen sind die zwei Arten der Reizverarbeitung dargestellt.

1 **a** Betrachte die Bilderfolgen zu Reaktion 1 und Reaktion 2.

    b Schreibe auf die Linien, ob es sich um eine Reflexreaktion oder eine normale Reaktion handelt.

	Reaktion 1	Reaktion 2
	....	....
1		
2		
3		

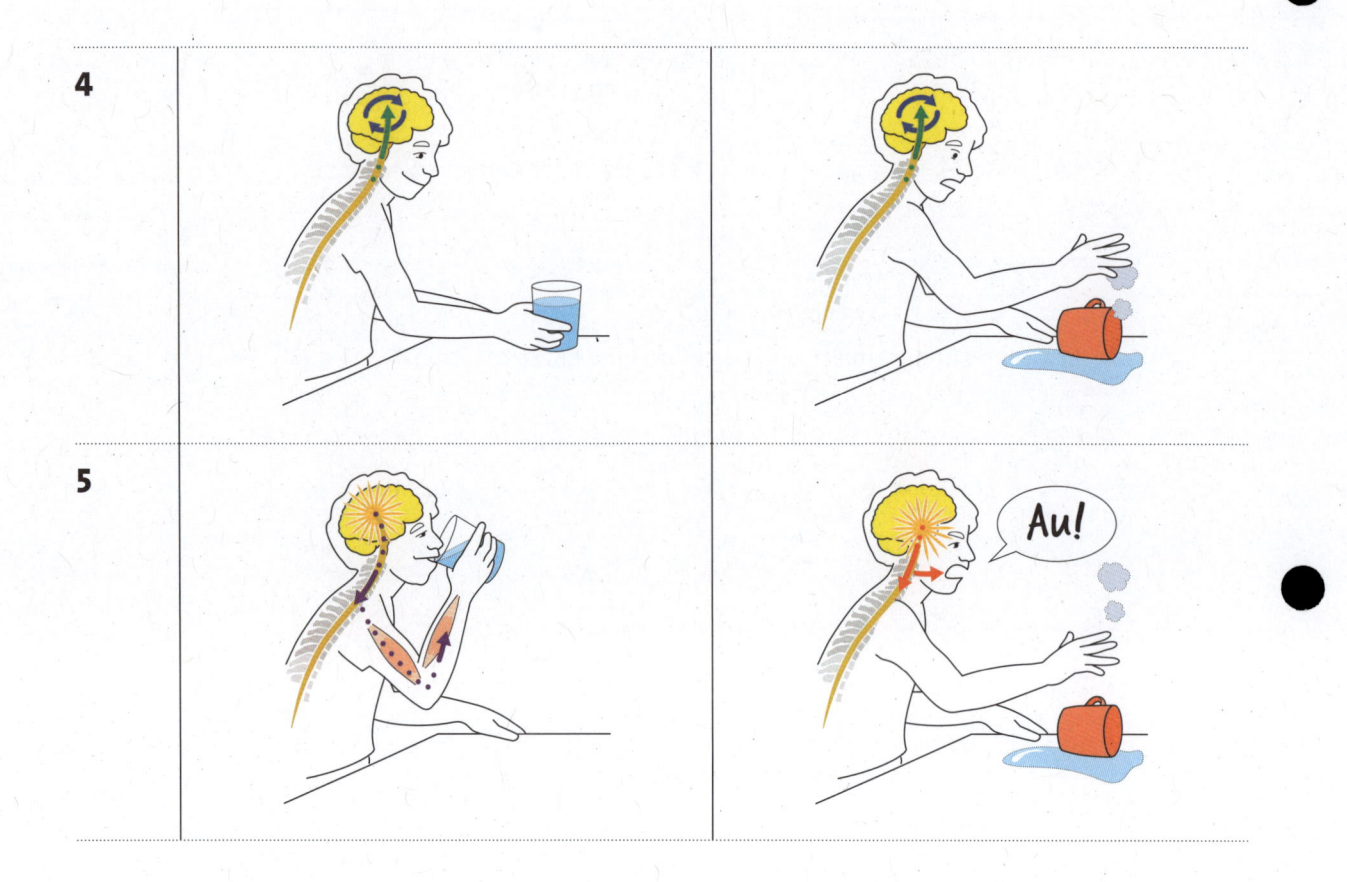

2 Erkläre, was bei den beiden Arten der Reizverarbeitung passiert.
- Erstelle dazu einen Erklärfilm (▶TB 17 **Erklärfilm produzieren**).
- Verwende für den Film die beiden Bilderfolgen.
  Die Leitfragen helfen dir, den Text für den Film zu formulieren.

Leitfragen zu den Bildern:
1 Werden die Sinneszellen der Haut stark oder schwach gereizt?
2 Schicken die Sinneszellen in der Haut nur wenige oder ganz viele Nervenimpulse an das Rückenmark?
3 Gehen die Nervenimpulse weiter ins Gehirn oder sendet das Rückenmark neue Nervenimpulse in den Arm?
4 Was passiert mit den Nervenimpulsen im Gehirn?
5 Was passiert, wenn die Nervenimpulse im Gehirn verarbeitet wurden?

AM 3.4 N23

REIZE UND SINNE UNTERSUCHEN

Räumliches Hören

Wenn du einen Vogel hörst, weisst du meistens, aus welcher Richtung das Zwitschern kommt. Doch warum kannst du feststellen, aus welcher Richtung ein Geräusch oder ein Ton kommt? Macht dazu zu zweit ein Experiment.

Das braucht ihr
– 1 Schlauch (genau 1 m lang)
– 2 Trichter
– 1 Massstab
– 1 wasserfester Stift

1 Durchführen

a Markiert die Mitte des Schlauchs.

b Macht je 10 Striche links und rechts von der Mitte. Jeder Strich soll 1 cm Abstand haben.

c Halte beide Enden des Schlauchs an die Ohren. Der Schlauch soll dabei hinter dem Körper sein.

d Dein Partner klopft *leicht* mit dem Bleistift auf einen der Striche auf dem Schlauch. Du sagst, auf welcher Seite du das Klopfen hörst.

e Klopft auf sechs verschiedene Striche auf dem Schlauch.

f Füllt die Tabelle unten aus.

g Tauscht die Rollen.

Die erste Zeile ist als Beispiel schon ausgefüllt: *Jemand klopft 10 cm links von der Mitte. Gehört wird das Klopfen links. Der Abstand vom linken Ohr beträgt 40 cm, vom rechten 60 cm.*

Wo wird geklopft?			Auf welcher Seite wird das Klopfen gehört?		Abstand des Klopfens zum linken Ohr	Abstand des Klopfens zum rechten Ohr
	links	rechts	links	rechts		
10 cm	×		×		40 cm	60 cm

2 Auswerten

a Markiert in der Mitte der Tabelle die Seite, aus der ihr das Klopfen gehört habt (im Beispiel: grün)

b Markiert dann den kürzeren Abstand in den beiden rechten Spalten (im Beispiel: grün).

c Betrachtet die Werte der Tabelle auf der Vorderseite. Kreuzt dann an, ob die Aussagen richtig oder falsch sind:

	Richtig	Falsch
Wenn du das Klopfen rechts hörst, dann wurde näher am linken Ohr geklopft.		
Wenn du das Klopfen rechts hörst, dann wurde näher am rechten Ohr geklopft.		
Wenn du das Klopfen links hörst, dann wurde näher am linken Ohr geklopft.		

3 a Markiere im Bild die Strecke, auf der das Geräusch von Emmas Schritten schneller von Emma zu Lucas Ohren kommt.

b Beschreibe, warum das Geräusch auf der einen Strecke schneller ankommt als auf der anderen.

....

....

c Beschreibe, warum Luca hören kann, dass Emma von links kommt.

....

....

....

AM 3.5 N3 REIZE UND SINNE UNTERSUCHEN

So breitet sich Schall aus

Schall breitet sich von einer Schallquelle in alle Richtungen aus. Doch wie kommt Schall zu deinen Ohren? Das kannst du mit einer Simulation herausfinden.

1 Öffne die Simulation ▶ OM 3.4.

2 Verschaffe dir einen Überblick über die Simulation.

3 Starte die Simulation. Beobachte ein einzelnes Luftteilchen. Beschreibe genau, wie es sich bewegt.

....

....

4 Der Lautsprecher versetzt Luftteilchen in Bewegung. Wie gelangt diese Bewegung der Luftteilchen bis zu deinem Ohr?

Beobachte und kreuze an, was zutrifft:

☐ Die Bewegung wird von einem Luftteilchen auf das nächste übertragen, vom nächsten auf das übernächste und so weiter.

☐ Die Bewegung sorgt dafür, dass die Luftteilchen vom Lautsprecher zum Ohr fliegen.

5 Mach den Ton lauter oder leiser. Beobachte und beschreibe, wie sich die Luftteilchen bewegen, wenn ...
... der Ton laut ist.
... der Ton leise ist.

Wenn der Ton laut ist, bewegen sich die Luftteilchen ....

Wenn der Ton leise ist, bewegen sich die Luftteilchen ....

6 Richtig oder falsch? Kreuze an:

	Richtig	Falsch
Die Luftteilchen werden von der Membran des Lautsprechers angestossen und bewegen sich zum Ohr.		
Die Luftteilchen werden von der Membran des Lautsprechers in Bewegung versetzt. Diese Bewegungen übertragen sich dann von einem Teilchen zum nächsten bis zu deinem Ohr.		
Je leiser ein Ton ist, desto schneller schwingen die Luftteilchen hin und her.		
Je lauter ein Ton ist, desto stärker schwingen die Luftteilchen hin und her.		

7 Überlege und erkläre, warum man in den Bergen ein Echo hören kann.

Tipp
– Wähle in der Simulation OM 3.4 anstelle des Ohrs den festen Gegenstand. Beobachte genau, was mit den Luftteilchen passiert, wenn sie auf den festen Gegenstand treffen.
– Du kannst auch den Textabschnitt «Wenn Schall auf etwas trifft» im Grundlagenbuch, Unterkapitel 3.5, lesen.

AM 3.6 N3 REIZE UND SINNE UNTERSUCHEN

Aufbau und Funktion des Gehörs

1 Bearbeite die Aufgaben zuerst mit Bleistift aus dem Gedächtnis:

a Beschrifte die sechs wichtigsten Teile des Ohrs. Zwei Beispiele sind schon angegeben.

b Beschreibe die Funktion dieser sechs Teile. Einiges ist dazu schon angegeben.

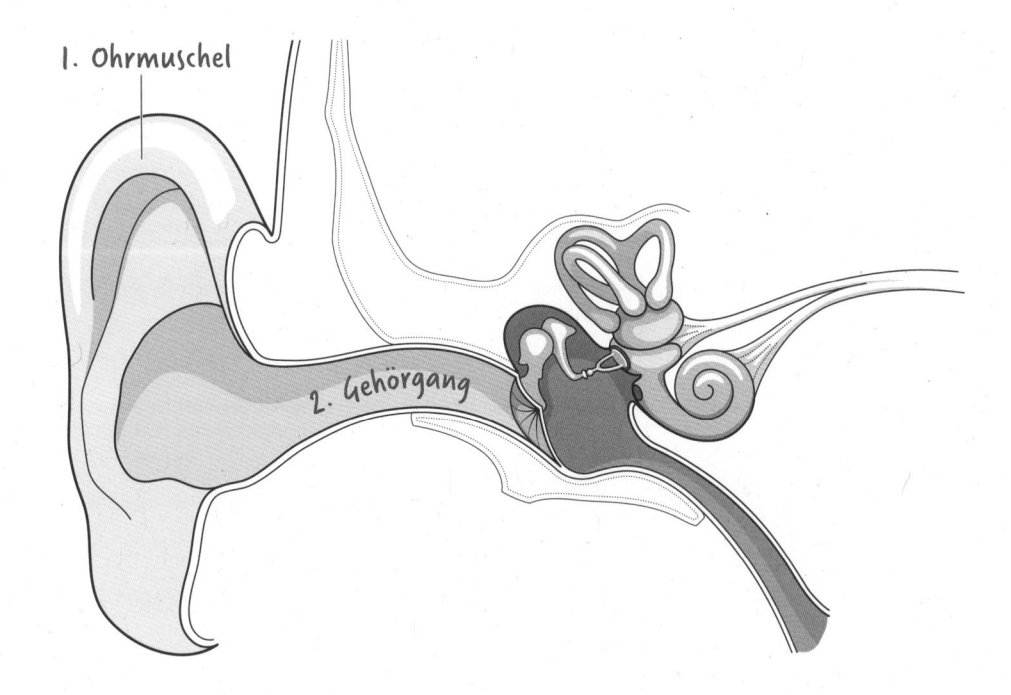

1. Ohrmuschel

2. Gehörgang

1. Die Ohrmuschel fängt den Schall auf.

2. Der Gehörgang leitet ......

3. Das Trommelfell ......

4. Die Gehörknöchelchen ......

5. In der Hörschnecke befinden sich viele Sinneszellen. Diese Sinneszellen ......

6. Der Hörnerv ......

c Beschreibe auch
 – die Funktion der Membran mit den Sinneszellen,
 – die Funktion der Härchen,
 – die Funktion der Sinneszellen in der Hörschnecke.

....

....

....

....

....

....

2 Schau den Film «Das Ohr» (▶OM 3.5) an und lies den Text im Grundlagenbuch, Unterkapitel 3.6.

3 Korrigiere und ergänze jetzt das, was du geschrieben hast.

AM 3.7 N3 REIZE UND SINNE UNTERSUCHEN

Das Trommelfell

⚠️ **Beachtet**
Bevor ihr anfangt, müsst ihr
AM 3.5 bearbeitet haben.

Wie ihr schon wisst, beginnt das Trommelfell zu schwingen, wenn Schall darauftrifft.
Findet heraus, wie das funktioniert.

Arbeitet zu zweit:

1 Lest den Textabschnitt «Wenn Schall auf etwas trifft» im Grundlagenbuch, Unterkapitel 3.5.

2 Baut das Funktionsmodell wie im Bild. Mit dem Modell
   könnt ihr zeigen, dass das Trommelfell durch Schall
   zum Schwingen gebracht wird.

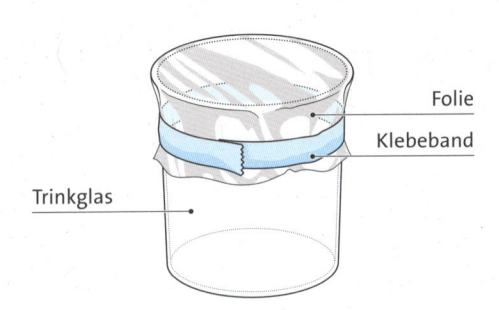

Das braucht ihr
– 1 Trinkglas
– Frischhaltefolie
– Klebeband
– Couscous, Gries, Sand oder Ähnliches
– eure Stimme

3 Bringt die Membran durch verschieden laute Töne
   eurer Stimme zum Schwingen.

4 a Schreibt eure Beobachtungen auf.

....

....

....

b Erklärt, was bei eurem Versuch passiert ist. Schaut dazu die Simulation ▶**OM 3.4** an und wählt einen elastischen Gegenstand als Schallempfänger. Ergänzt dann den folgenden Satz:

Durch unsere Töne werden die Luftteilchen zum Schwingen gebracht.

Die Schwingungen der Luftteilchen ....

....

....

⚠️ **Beachtet**

Bewahrt die Materialien auf.
Ihr braucht sie für den Versuch in AM 3.8 wieder.

AM 3.8 N3   REIZE UND SINNE UNTERSUCHEN

Trommelfellriss

Das Trommelfell kann reissen, zum Beispiel wegen eines sehr lauten Knalls. Wenn das Trommelfell gerissen ist, hört man nicht mehr gut.

> **Das braucht ihr**
> – euer Funktionsmodell von AM 3.7
> – 1 Messer

1 a Nehmt euer Funktionsmodell von ▶**AM 3.7** und schneidet mit einem Messer in die Folie wie im Bild gezeigt.

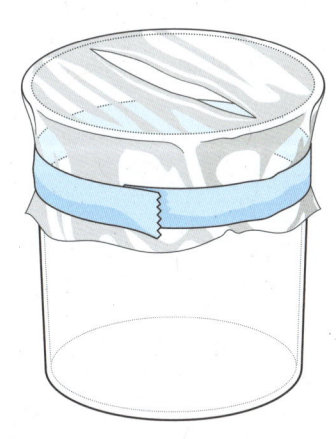

b Führt den Versuch von ▶**AM 3.7** noch einmal durch.

2 Beobachtet, ob die Körner auf der gerissenen Folie genauso hüpfen wie auf der Folie ohne Riss.

3 Erklärt, warum man oft weniger gut hören kann, wenn das Trommelfell gerissen ist. Setzt dazu die folgenden Satzteile richtig zusammen:

wird der Schall nicht mehr richtig	kann es nicht mehr richtig schwingen.
in die Gehörschnecke weitergeleitet.	Wenn das Trommelfell gerissen ist,
Weil es nicht mehr richtig schwingt,	

4 Es gibt noch andere Ursachen, warum das Trommelfell reissen kann:

a Eine Ursache kann zum Beispiel ein Wattestäbchen sein. Recherchiert im Internet darüber.
Tippt ins Suchfeld der Suchmaschine «Trommelfellriss» und «Wattestäbchen».
Schreibt auf, wie man sich mit einem Wattestäbchen das Trommelfell verletzen kann.

....

....

....

....

b Recherchiert nach weiteren Ursachen, durch die ein Trommelfellriss entstehen kann.
Tippt dazu ins Suchfeld «Trommelfellriss» und «Ursachen» ein.
Erstellt eine Liste (▶ **TB 22 Recherchieren**).

....

....

....

AM 3.10 N3 — REIZE UND SINNE UNTERSUCHEN

So kannst du dich vor Gehörschäden schützen

Lärmschwerhörigkeit gehört zu den häufigsten Gehörschäden. Bei zu lauten Tönen werden die Sinneszellen im Ohr überbelastet. Man hört schlecht.

Lärmpunkte

Mit Lärmpunkten kannst du ausrechnen, ob du einen Gehörschaden riskierst oder nicht. In Bild 1 sind die Lärmpunkte pro Stunde angegeben. Damit du keinen Gehörschaden riskierst, dürfen die Lärmpunkte pro Woche nicht mehr als 200 betragen.

Ein Beispiel: Chloé hört jeden Tag in der Woche eine Stunde Musik mit 90 Dezimal und am Samstag geht sie zwei Stunden in die Disco.

Schallquelle	dB	Lärmpunkte pro Stunde		Stunde pro Woche		Total Lärmpunkte pro Woche
Musik	90	10	·	7	=	70
Disco	100	100	·	2	=	200
						270

Chloé riskiert einen Gehörschaden!

Dezibel (dB)	Lärmpunkte pro Stunde	mögliche Hördauer pro Woche	
110	1000		Minuten
		10	
	500	15	
105	300		
		30	
	200		
		1	Stunden
100	100		
		2	
	50		
		3	
95	30		
		5	
	20		
		10	
90	10		
		20	
87	5		
85	3	40	
	2		unbegrenzt
80	1		

Bild 1 Lärmpunkte

---

1 Unten sind drei Situationen beschrieben.

a Schreibe Vermutungen auf, ob die Jugendlichen einen Gehörschaden riskieren.

— Kristina geht am Freitag zwei Stunden an ein Open-Air-Konzert (100 dB). Am Samstag übt sie in einer Guggenmusik drei Stunden Trompete mit 95 dB.

— Tim hat neue Kopfhörer. Damit hört er dreimal in der Woche eine Stunde mit voller Lautstärke Musik (100 dB). Am Wochenende geht er noch drei Stunden in die Disco (100 dB).

— Lara hat einen Ferienjob: Sie mäht von Montag bis Freitag jeden Tag drei Stunden Rasen (90 dB). Jeden Abend der Woche hört sie eine Stunde mit Kopfhörern Musik mit 90 dB.

b Überprüfe deine Vermutungen: Rechne für alle Situationen die Lärmpunkte aus.

– Kristina: ....

– Tim: ....

– Lara: ....

2 Damit du mit Kopfhörern keinen Gehörschaden riskierst, stelle die Lautstärke auf etwa 60 % der vollen Lautstärke ein (Bild 2). Das entspricht einem Schallpegel von ungefähr 85 dB.

Bild 2 60 % der Lautstärke

Schreibe auf, welche Jugendlichen von Auftrag 1a die Lautstärke verringern sollten.

....

3 Wenn es mal zu laut ist, dann kannst du dich einfach von der Schallquelle entfernen. Denn je weiter weg du von einem Geräusch bist, desto leiser ist es. In einer Disco oder an einem Konzert ist es überall fast gleich laut. Dann kannst du Ohrstöpsel verwenden. Ohrstöpsel verringern den Schallpegel um etwa 30 dB.

Schreibe auf, welche Jugendlichen von Auftrag 1 bei welcher Tätigkeit Ohrstöpsel verwenden sollten.

....

....

....

4 ↗ Arbeitet zu zweit: Erstellt ein Merkblatt. Schreibt auf dieses Merkblatt alle Möglichkeiten, euer Gehör vor einem Gehörschaden zu schützen.

Tipp Denkt zum Beispiel an die Entfernung zu einer Schallquelle, an die Hördauer pro Woche, an die Lautstärke und an Ohrstöpsel.

AM 3.11 N3   REIZE UND SINNE UNTERSUCHEN

Konkave und konvexe Linsen haben unterschiedliche Eigenschaften

Das brauchst du
- verschiedene konvexe und konkave Linsen
- 2 LED-Lichtstrahler
- 1 Holzbrett oder dicker Karton (Grösse etwa A4)
- 1 Blatt Papier A4
- 1 Radiergummi
- 2 verschiedenfarbige Stifte

1 Sieh dir im Grundlagenbuch, Unterkapitel 3.8, Bild 3 und Bild 4 an. Zeichne eine konvexe und eine konkave Linse.

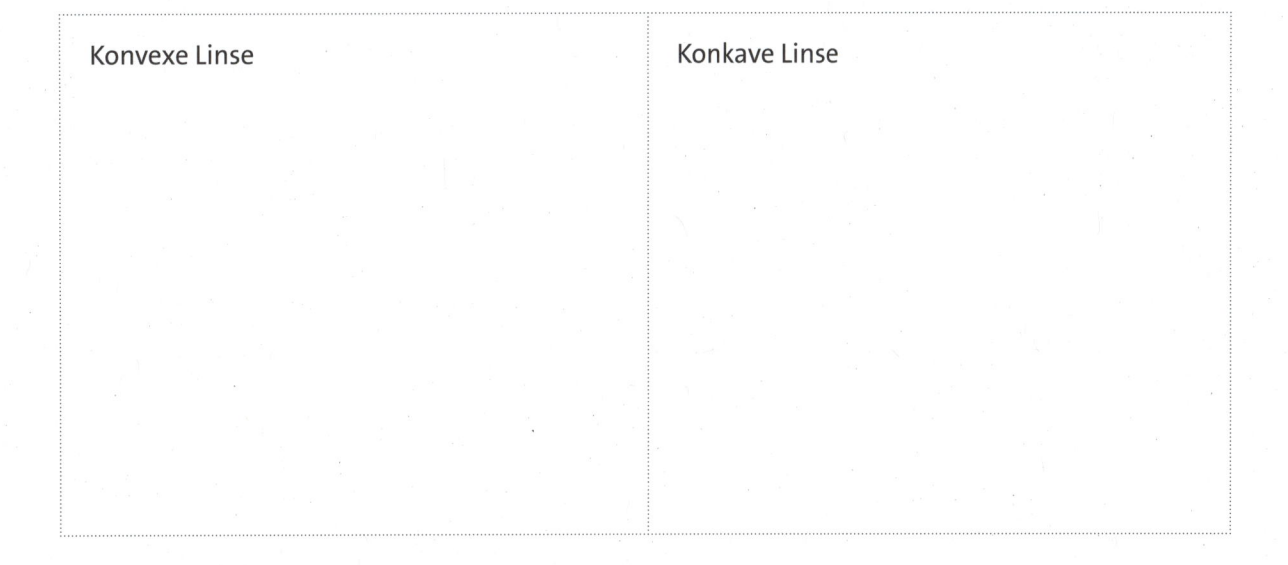

Konvexe Linse	Konkave Linse

2 a Baue die Versuchsanordnung wie gezeigt auf.

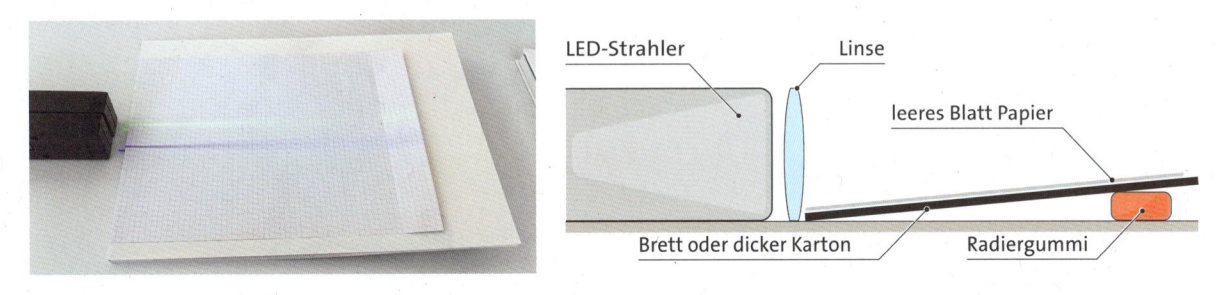

b Zeichne auf dem Blatt die Lichtstrahlen mit Bleistift nach.

c Halte eine konvexe Linse in die Lichtstrahlen.
Zeichne die Lichtstrahlen mit einem blauen Stift nach. Beschrifte sie mit «konvexe Linse».

d Halte eine konkave Linse in die Lichtstrahlen.
Zeichne die Lichtstrahlen mit einem roten Stift nach. Beschrifte sie mit «konkave Linse».

3 Schau die Zeichnung aus dem Versuch an. Die Lichtstrahlen werden durch die konvexe Linse anders gebrochen als durch die konkave Linse. Schreibe auf, wie die Lichtstrahlen durch die beiden Linsen unterschiedlich gebrochen werden.

....

....

....

4 Bei einer konvexen Linse treffen sich die Lichtstrahlen in einem Punkt. Dieser Punkt heisst **Brennpunkt**. Der Abstand von der Linse zum Brennpunkt heisst **Brennweite**.

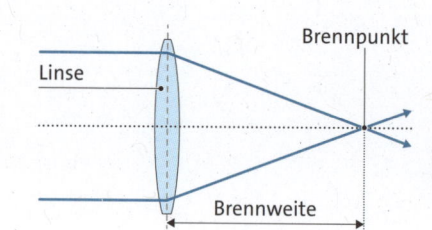

   a Lege ein neues Blatt auf das Brett oder den Karton.

   b Halte zuerst die konvexe Linse, die in der Mitte am dicksten ist, in die Lichtstrahlen.
Zeichne die Lichtstrahlen und den Brennpunkt auf das Blatt.

   c Nimm dann die zweitdickste Linse und gehe gleich vor wie oben.

   d Nimm dann die drittdickste Linse und gehe gleich vor wie oben.

   e Vergleiche nun die Dicke der Linsen und ihre Brennweiten. Was fällt dir auf? Ergänze den Satz:

      Je .... die Linse in der Mitte ist,

      desto ....

Sehfehler

1 Kurzsichtigkeit

Beim normalsichtigen Auge (Bild 1) treffen sich Lichtstrahlen, die von einem weit entfernten Punkt ausgehen, an derselben Stelle auf der Netzhaut (Pfeil). So siehst du ein scharfes Bild.

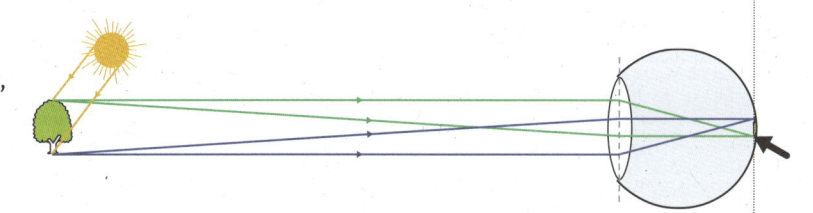

Bild 1 Normalsichtiges Auge: Baum in der Ferne scharf

Bei Kurzsichtigen ist die Form der Augen anders. Darum sehen Kurzsichtige weit entfernte Gegenstände bei entspanntem Ringmuskel unscharf (Bild 2).

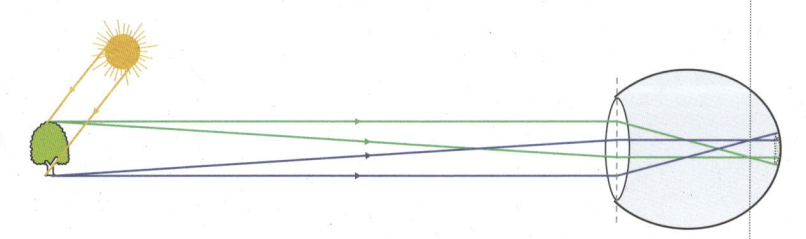

Bild 2 Kurzsichtiges Auge: Baum in der Ferne unscharf

a Schreibe auf: Wie unterscheidet sich die Form von kurzsichtigen Augen im Vergleich zu normalsichtigen Augen?

b Schreibe auf, warum Kurzsichtige wie in Bild 2 den Baum nicht scharf sehen.

Tipp Wo treffen sich die Lichtstrahlen, die von einem Punkt ausgehen?

c Schreibe auf, ob die Lichtstrahlen von der Linse zu stark oder zu schwach gebrochen werden.

2 Weitsichtigkeit

Beim normalsichtigen Auge (Bild 3) treffen sich Lichtstrahlen, die von einem nahen Punkt ausgehen, an derselben Stelle auf der Netzhaut (Pfeil). So siehst du ein scharfes Bild.

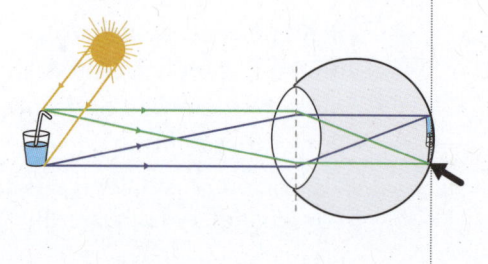

Bild 3 Normalsichtiges Auge: Glas in der Nähe scharf

Bei Weitsichtigen ist die Form der Augen anders. Darum sehen Weitsichtige nahe Gegenstände unscharf, wenn sie den Ringmuskel gleich anspannen wie Normalsichtige (Bild 4).

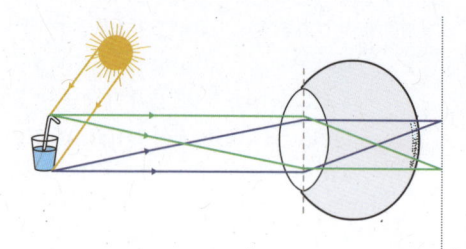

Bild 4 Weitsichtiges Auge: Glas in der Nähe unscharf

a Schreibe auf: Wie unterscheidet sich die Form von weitsichtigen Augen im Vergleich zu normalsichtigen Augen?

b Schreibe auf, warum Weitsichtige wie in Bild 4 das Glas nicht scharf sehen.

c Schreibe auf, ob die Lichtstrahlen von der Linse zu stark oder zu schwach gebrochen werden.

AM 3.14 N3 REIZE UND SINNE UNTERSUCHEN

Den blinden Fleck sehen

1 a Betrachte das Quadrat und das Kreuz.
- Halte das Blatt mit ausgestreckten Armen vor deine Augen.
- Schliesse das rechte Auge.
- Schau mit dem linken Auge direkt das Kreuz an.
- Nähere das Blatt langsam deinem Gesicht und achte auf das schwarze Quadrat.

■   ✗

b Schreibe auf, was mit dem schwarzen Quadrat passiert.

....

....

....

2 In der Darstellung unten siehst du das rechte Auge von oben. Du siehst auch, wo das Kreuz auf der Netzhaut abgebildet wird.

a Wie heisst der Ort auf der Netzhaut, wo das Kreuz abgebildet wird? Beschrifte ihn.

b In Auftrag 1 hast du gemerkt, dass du das Quadrat bei einem gewissen Abstand nicht sehen kannst. Wo auf der Netzhaut wird das Quadrat abgebildet, wenn du es nicht siehst?

Tipp Wo auf der Netzhaut sind keine Sinneszellen?

■   ✗

c Wie heisst dieser Ort auf der Netzhaut? Beschrifte ihn.

d Zeichne das Bild des Quadrats auf der Netzhaut ein.

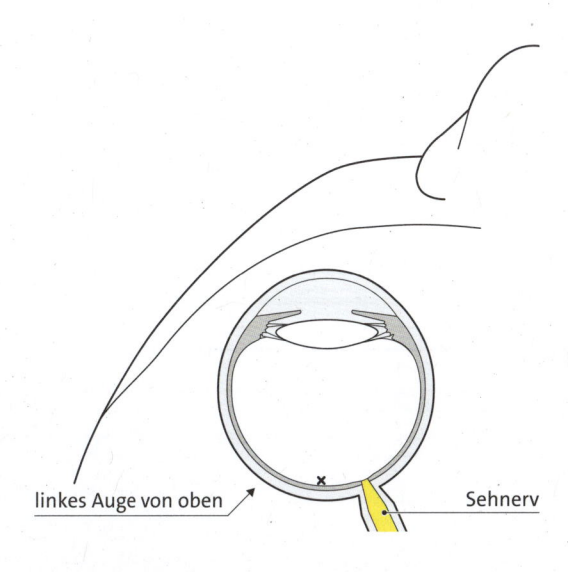

linkes Auge von oben → ... Sehnerv

e Erkläre und schreibe auf, warum du das Quadrat bei einem bestimmten Abstand nicht sehen kannst.

3 a Jedes Auge hat einen blinden Fleck. Aber warum siehst du nicht immer zwei blinde Stellen? Die Frage kannst du so beantworten:
– Führe Auftrag 1 noch einmal durch. Halte das Blatt so, dass du das Quadrat nicht siehst.
– Öffne dann das rechte Auge.

b Erkläre, warum du nicht ständig zwei blinde Stellen siehst.

Tipp Mit dem linken Auge siehst du das Quadrat nicht. Und mit dem rechten Auge?

AM 3.15 N3   REIZE UND SINNE UNTERSUCHEN

Räumlich sehen

1 a Schliesse *ein* Auge.
   – Nimm in beide Hände einen Stift. Versuche, die Spitzen der beiden Stifte aufeinandertreffen zu lassen.
   – Versuche, einen Faden in eine Nähnadel einzufädeln.

b Schreibe auf, wie es dir ergangen ist.

....
....
....
....

2 a Halte den ausgestreckten Arm auf Augenhöhe, wie im Bild gezeigt:
   – Schau die Hand nur mit dem linken Auge an.
   – Schau die Hand nur mit dem rechten Auge an.

b Welche Aussage stimmt? Kreuze an:

☐ Ich sehe die Hand mit dem linken Auge nicht genau gleich wie mit dem rechten.

☐ Ich sehe die Hand mit dem linken Auge genau gleich wie mit dem rechten.

c Warum ist das so? Kreuze an:

☐ Weil ich mit dem einen Auge besser sehe als mit dem anderen.

☐ Weil ich mit dem einen Auge die Hand aus einem anderen Winkel sehe als mit dem anderen.

⚑ **Gut zu wissen**

3-D-Filme
3-D-Filme werden mit Kameras gefilmt, die zwei Objektive nebeneinander haben (Bild 1).

Bild 1 Eine 3-D-Kamera

Das ist ganz ähnlich wie beim räumlichen Sehen. Die Bilder, welche die Objektive aufnehmen, sind leicht unterschiedlich. Die 3-D-Brille macht dann aus den beiden Bildern ein einziges, dreidimensionales Bild.

VR-Brillen funktionieren auch so. VR bedeutet «Virtual Reality» oder «Virtuelle Realität». In einer VR-Brille sieht jedes Auge ein Bild. Die beiden Bilder unterscheiden sich leicht (Bild 2). Das Gehirn macht dann aus den beiden Bildern ein einziges, dreidimensionales Bild.

Bild 2 Zwei Bilder in einer VR-Brille

Besondere Sinnesorgane bei Tieren

1 Das Seitenlinienorgan

Fische sind kurzsichtig und sehen deshalb entfernte Dinge nicht gut. Das spielt aber unter Wasser keine grosse Rolle. Denn Wasser ist oft so trüb, dass man sowieso nicht weit sehen kann. Damit Fische aber trotzdem wissen, was um sie herum geschieht, haben sie ein spezielles Sinnesorgan: das **Seitenlinienorgan** (Bild 1). Damit können Fische Bewegungen des Wassers wahrnehmen. Bewegungen des Wassers entstehen zum Beispiel, wenn andere Fische vorbeischwimmen.

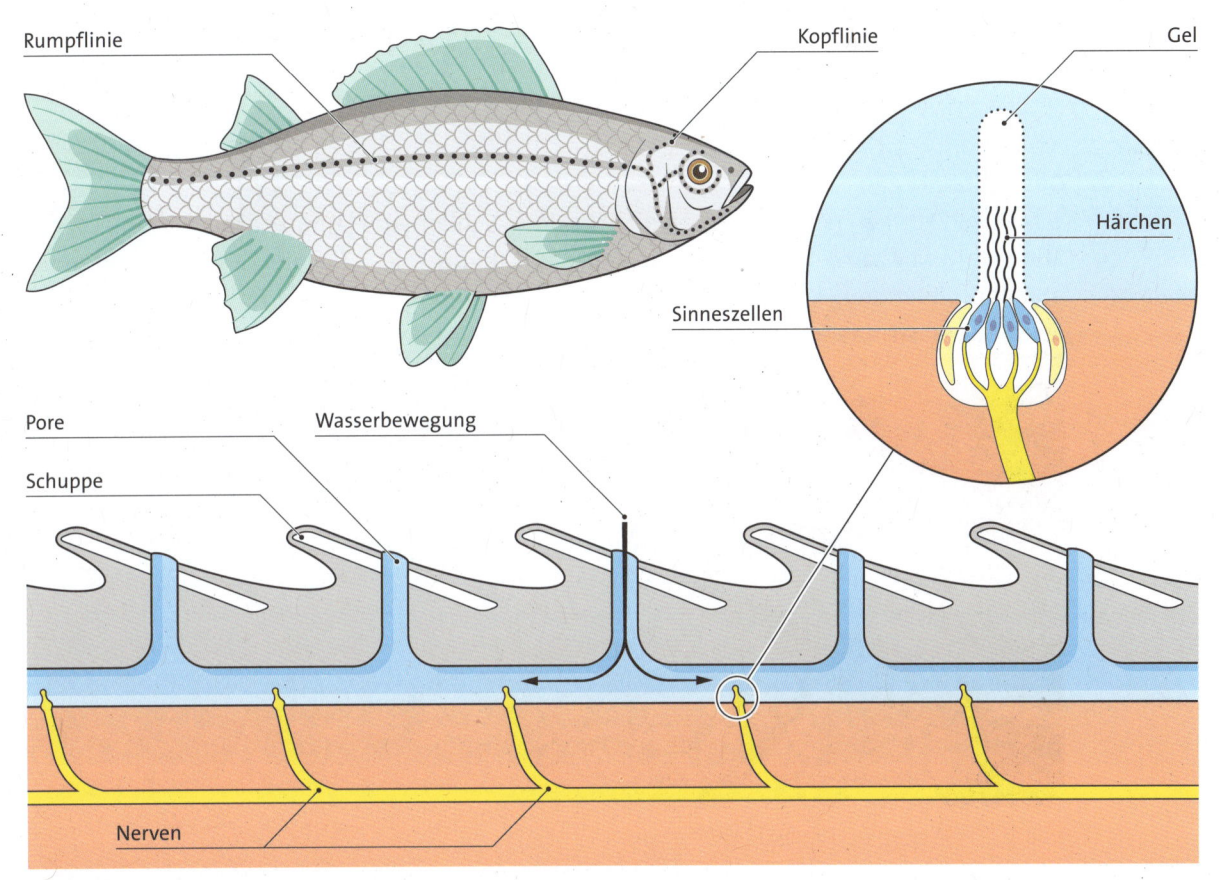

Bild 1 Das Seitenlinienorgan

a Betrachte Bild 1. Überlege und schreibe auf:
Wie funktioniert das Seitenlinienorgan?

Tipp Was passiert mit den Härchen, wenn sich das Wasser bewegt?

b Du hast einen Teil eines menschlichen Organs kennen gelernt, das ähnlich funktioniert. Nenne es.

Tipp Schau im Grundlagenbuch, Unterkapitel 3.6, nach.

c Schreibe Gemeinsamkeiten und Unterschiede zwischen den beiden Organen auf.

2 Das Grubenorgan

Schlangen können jagen, wenn sie nichts sehen. Schlangen können nämlich die Körpertemperatur anderer Tiere wahrnehmen. Auch die Wärmestrahlung, die von Objekten in der Umgebung abgestrahlt werden, können sie wahrnehmen. So «sehen» Schlangen, auch wenn es völlig dunkel ist. Dazu haben sie das sogenannte Grubenorgan. Das Grubenorgan befindet sich am Kopf (Bild 2).

Bild 2 Grubenorgan (Pfeile) einer Python

a Schlangen fangen Tiere, indem sie blitzschnell mit dem Maul zubeissen. Überlege und schreibe auf: Warum befindet sich das Grubenorgan vorne und seitlich am Kopf?

b Recherchiere im Internet, wie das Grubenorgan funktioniert
(▶TB 21 Informationen finden, ▶TB 22 Recherchieren).

AM 4.1 N3 BEWEGUNGEN ERKUNDEN

Bewegungen im Veloparcours beschreiben

Du fährst mit dem Velo den abgebildeten Parcours. Im Parcours kommen **gleichförmige**, **beschleunigte** und **verzögerte Bewegungen** vor.

1 Ordne alle Streckenabschnitte (1 bis 8) den in der zweiten Spalte beschriebenen Bewegungen zu. Entscheide dann, ob es sich bei der beschriebenen Bewegung um eine gleichförmige, beschleunigte oder verzögerte Bewegung handelt.

Zugeordnete Streckenabschnitte	Beschreibung der Bewegung	Um welche Bewegung handelt es sich? Kreuze an.
	Hier werde ich mit dem Velo immer schneller.	☐ gleichförmige Bewegung ☐ beschleunigte Bewegung ☐ verzögerte Bewegung
	Hier werde ich mit dem Velo langsamer.	☐ gleichförmige Bewegung ☐ beschleunigte Bewegung ☐ verzögerte Bewegung
	Hier fahre ich mit dem Velo und die Geschwindigkeit bleibt gleich.	☐ gleichförmige Bewegung ☐ beschleunigte Bewegung ☐ verzögerte Bewegung

2 Besprich deine Zuordnung mit jemandem aus deiner Klasse. Begründe dabei auch deine Zuordnung.

AM 4.2 N3

BEWEGUNGEN ERKUNDEN

Geschwindigkeiten bestimmen

Arbeitet zu zweit. Bestimmt Geschwindigkeiten und überlegt, warum Messwiederholungen dazu nötig sind. Geht dabei wie unten beschrieben vor.

Das braucht ihr
– 1 Spielzeugauto
– Kreide
– 1 Meterband
– 1 Stoppuhr (oder Handy)
– 1 Taschenrechner

1 Durchführen

a Sucht in der Nähe des Schulhauses einen Abhang aus. Der Belag soll glatt sein (keine Kieselsteine oder Wiese) und der Abhang soll nicht zu steil sein.

b Messt bei eurem Abhang einen geraden Weg von 4 m ab. Zeichnet die Start- und Ziellinie mit Kreide auf dem Boden auf.

c Lasst das Spielzeugauto dreimal den abgemessenen Weg runterrollen. Stoppt die Zeit und schreibt die Werte in die Tabelle. Geht dabei so vor:

Person 1: Steht bei der Startlinie und lässt auf das Startzeichen das Spielzeugauto hinunterrollen.

Person 2: Ist bei der Ziellinie. Sie gibt das Startzeichen und beginnt gleichzeitig mit dem Messen der Zeit. Sobald das Spielzeugauto die Ziellinie überfährt, stoppt Person 2 die Zeit und schreibt den Wert auf.

Zeit 1	Zeit 2	Zeit 3

2 Auswerten und weiterdenken

a Betrachtet die Werte eurer drei Messungen. Schreibt auf, was ihr feststellen könnt. Erklärt mögliche Unterschiede.

b Bei Auftrag 1c habt ihr das Auto dreimal die Strecke runterrollen lassen. Dies nennt man Messwiederholung. Beim Experimentieren werden oft Messwiederholungen durchgeführt. Lest dazu ▶TB 11 Messwiederholungen. Schreibt auf, warum es bei diesem Experiment sinnvoll war, Messwiederholungen durchzuführen.

c Berechnet mit den drei gestoppten Zeiten den Mittelwert für die Zeit.

$$\text{Mittelwert} = \frac{(\text{Zeit 1} + \text{Zeit 2} + \text{Zeit 3})}{3}$$

$$\text{Mittelwert} = \frac{(\rule{2cm}{0.4pt}\,s + \rule{2cm}{0.4pt}\,s + \rule{2cm}{0.4pt}\,s)}{3}$$

$$= \rule{2cm}{0.4pt}\,s$$

d Berechnet mit dem Mittelwert die Geschwindigkeit.

$$\text{Geschwindigkeit} = \frac{\text{Weg}}{\text{Mittelwert}} = \frac{4\,m}{\rule{1cm}{0.4pt}\,s}$$

$$\text{Geschwindigkeit} = \rule{2cm}{0.4pt}\,\frac{m}{s}$$

3 ◁ Berichten

Tauscht eure erhaltenen Geschwindigkeiten in der Klasse aus. Nennt mögliche Gründe für Unterschiede.

AM 4.3 N3   BEWEGUNGEN ERKUNDEN

Eine gleichförmige Bewegung untersuchen

Arbeitet zu zweit. Untersucht, ob sich eine Luftblase gleichförmig bewegt.

> **Das braucht ihr**
> – 1 grosser Massstab
> – 1 dünnes Glasröhrchen (etwa gleich lang wie der Massstab)
> – angefärbtes Wasser
> – Knetmasse
> – 1 Unterlage (z. B. ein dickes Buch)
> – 1 Handy (zum Filmen)

1 Durchführen

a Füllt das Glasröhrchen mit angefärbtem Wasser und verschliesst die Enden mit Knetmasse. Achtet darauf, dass ihr das Röhrchen nicht vollständig mit Wasser füllt, damit eine Luftblase entsteht.

b Legt den Massstab auf die Unterlage.

c Person 1 dreht das Röhrchen so, dass die Luftblase unten ist, und legt es neben den Massstab. Person 2 beginnt sofort mit dem Filmen, sobald das Röhrchen auf der Unterlage liegt.

Tipp Übt diese Vorgehensweise einige Male, damit die Übergänge fliessend sind.

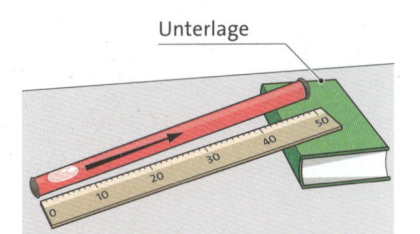

d Schaut den Film an und schreibt in die Tabelle, wie weit die Luftblase pro Sekunde gekommen ist. Schreibt eure Ergebnisse in die Zeile «Weg s in cm».

Zeit t in s	0	1	2	3	4	5	6	7	8	9	10
Weg s in cm	0										

2 Darstellen und auswerten

a Erstellt ein Zeit-Weg-Diagramm. Tragt eure Werte in das Diagramm ein.

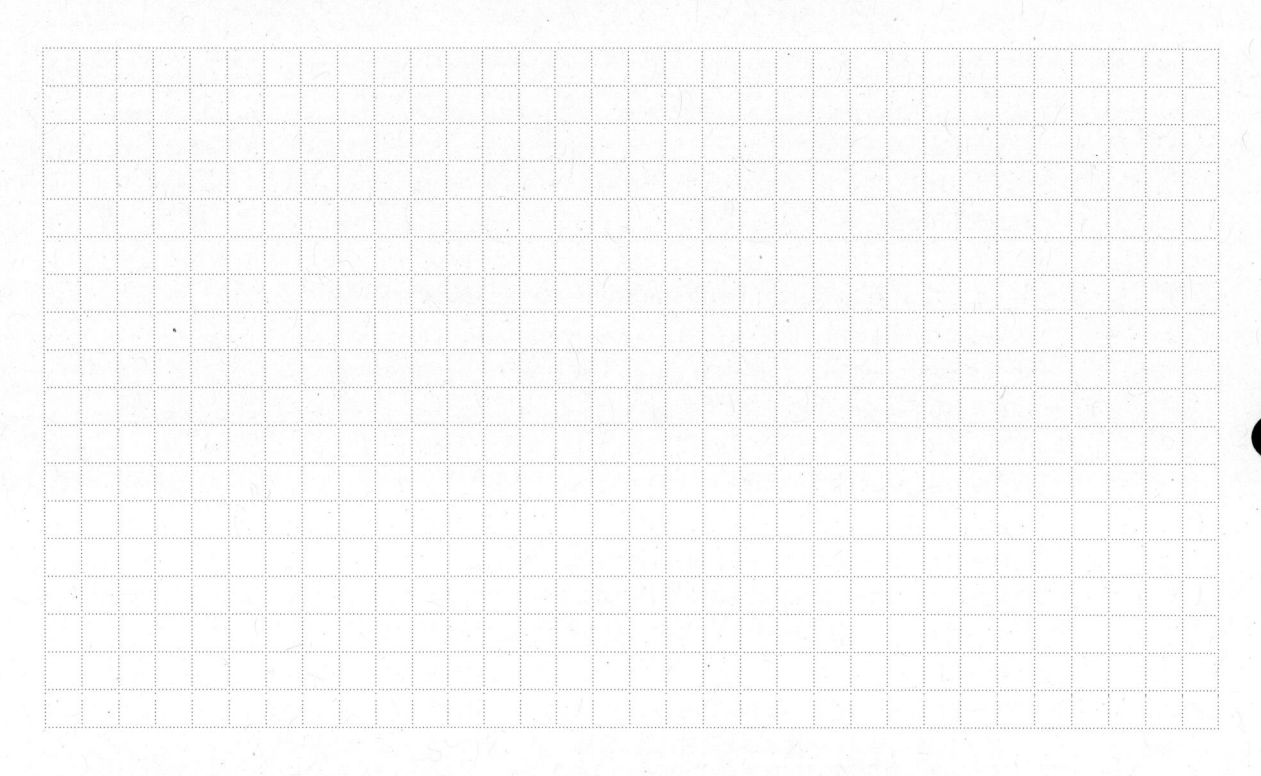

b Lest in der Toolbox den Abschnitt zur «Trendgeraden» (▶**TB 13 Diagramm erstellen**).
Zeichnet zu euren eingetragenen Werten von Auftrag 2a eine Trendgerade.

c Betrachtet das Diagramm von Auftrag 2a/b. Beschreibt, was ihr feststellt.

d Erklärt, wie ihr anhand von eurem Diagramm aus Auftrag 2b erkennen könnt,
ob sich die Luftblase im Glasröhrchen gleichförmig bewegt oder nicht.

e Schreibt auf, wo mögliche Ungenauigkeiten liegen könnten. Überlegt, was ihr tun könntet,
damit eure Ergebnisse genauer werden. Schreibt eure Ideen auf.

AM 4.4 N23

BEWEGUNGEN ERKUNDEN

Eine beschleunigte Bewegung untersuchen

Arbeitet zu zweit. Untersucht, ob eine Kugel beschleunigt eine Vorhangschiene hinunterrollt.

Das braucht ihr
- 1 Vorhangschiene (mindestens 1 m lang)
- 1 Buch
- 1 Meterband
- Malerklebeband
- 1 Stahlkugel
- 1 Handy (zum Filmen)

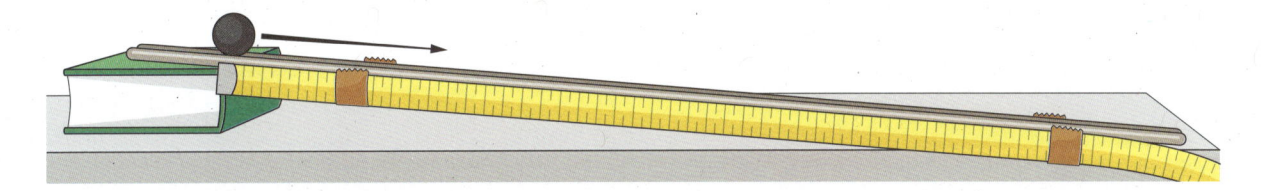

1 ⚐ Durchführen

a Legt die Vorhangschiene auf ein Buch, damit sie eine kleine Neigung hat.

b Befestigt entlang der Vorhangschiene ein Meterband mit Malerklebeband. Das Meterband soll beim Buch, wo der Start ist, 0 cm anzeigen.

c Lasst die Stahlkugel die Vorhangschiene hinunterrollen. Filmt den Vorgang mit dem Handy.

⚠ **Beachtet**

Startet genau dann mit dem Filmen, wenn die Kugel losrollt!
Übt diese Vorgehensweise einige Male, damit euch dies gelingt.

d Schaut den Film in Zeitlupe an. Stoppt den Film bei jeder vollen Sekunde. Lest auf dem Meterband ab, welche Strecke die Kugel nach jeder Sekunde zurückgelegt hat. Schreibt die Werte in die Zeile «Weg s in m».

Zeit t in s	0	1	2	3	4
Weg s in m	0				

2 Darstellen und auswerten

a Erstellt anhand der Tabelle ein Zeit-Weg-Diagramm. Versucht, die Punkte von Hand zu einer ansteigenden Kurve (Parabel) zu verbinden.

b Beurteilt euer Zeit-Weg-Diagramm. Schreibt auf, wo mögliche Messungenauigkeiten liegen.

c Erklärt in ein bis zwei Sätzen, wie ihr anhand des Zeit-Weg-Diagramms erkennen könnt, ob sich die Stahlkugel beschleunigt bewegt.

3 Weiterdenken

a Schreibt ein weiteres Beispiel einer beschleunigten Bewegungen auf.

b Überlegt, wie ihr untersuchen könntet, ob es sich bei dem Beispiel um eine beschleunigte Bewegung handelt. Schreibt eure Ideen auf.

AM 4.5 N23

BEWEGUNGEN ERKUNDEN

Eine verzögerte Bewegung untersuchen

In diesem AM arbeitest du mit Animationen zur verzögerten Bewegung. Bei den Animationen ist ein Ball zu sehen, der angestossen wurde, geradeaus rollt und dabei immer langsamer wird.

1 Zeit-Weg-Tabelle und Zeit-Weg-Diagramm

a Schau die erste Animation zur verzögerten Bewegung an (▶OM 4.6).

b Übernimm in der Tabelle die Werte, die während der Animation ausgefüllt werden. Runde auf eine Stelle nach dem Dezimalpunkt.

Zeit t in s	0	0.5	1	1.5	2	2.5	3	3.5	4
Weg s in m									

c Erstelle anhand der Werte in der Tabelle ein Zeit-Weg-Diagramm. Verbinde die Punkte im Zeit-Weg-Diagramm.

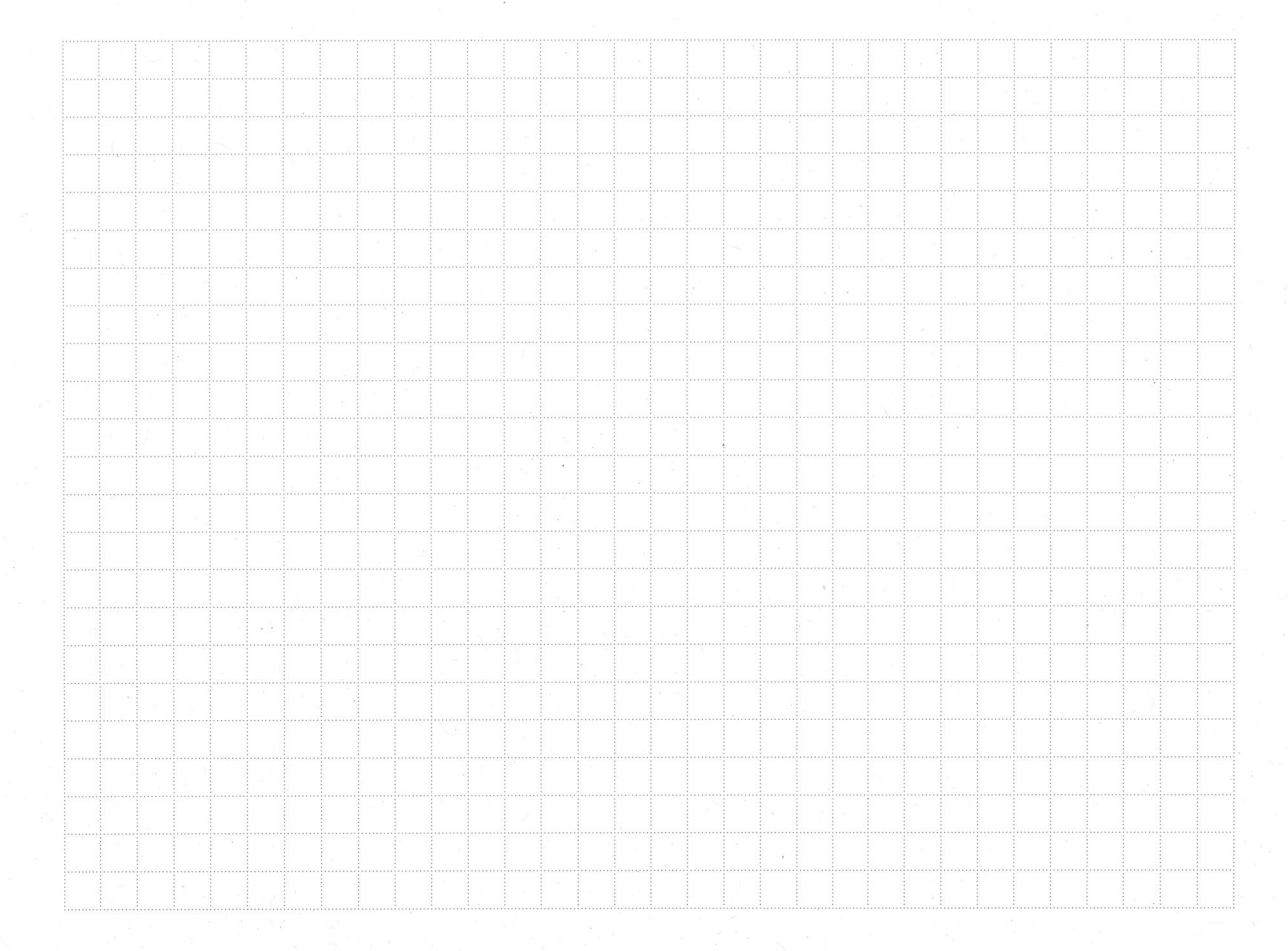

d Beschreibe, wie eine verzögerte Bewegung im Zeit-Weg-Diagramm aussieht.

2 Zeit-Geschwindigkeits-Tabelle und Zeit-Geschwindigkeits-Diagramm

a Schau die zweite Animation zur verzögerten Bewegung an (▶OM 4.6).

b Übernimm in der Tabelle die Werte, die während der Animation ausgefüllt werden. Runde auf eine Stelle nach dem Dezimalpunkt.

Zeit t in s	0	0.5	1	1.5	2	2.5	3	3.5	4
Geschwindigkeit v in $\frac{m}{s}$									

c Betrachte die Werte der Tabelle genau. Schreibe auf, welche Regelmässigkeiten du erkennen kannst. Erkläre diese Regelmässigkeiten anhand der verzögerten Bewegung.

d Erstelle ein Zeit-Geschwindigkeits-Diagramm. Trage die Werte der Tabelle in dein Diagramm ein und zeichne eine Trendgerade.

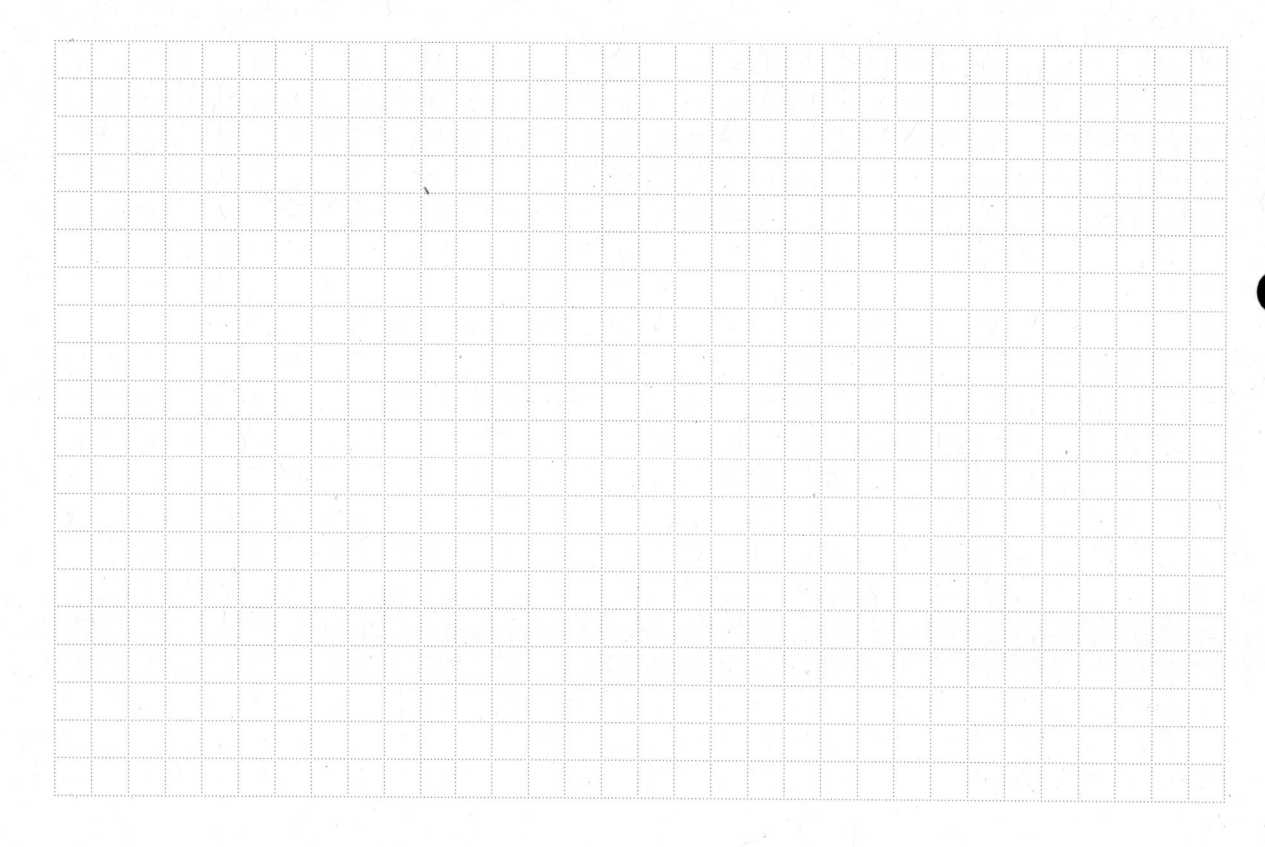

e Beschreibe, wie eine verzögerte Bewegung im Zeit-Geschwindigkeits-Diagramm aussieht.

Bewegungen in Diagrammen erkennen

1 Zu jedem Zeit-Weg-Diagramm passt eine Geschichte. Verbinde jeweils das Diagramm und die passende Geschichte mit einer Linie.

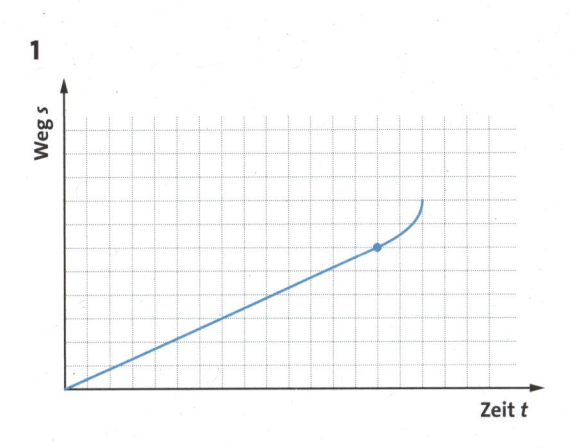

1

(Zeit-Weg-Diagramm: linear ansteigend, dann steiler werdend)

A

Laura fährt zuerst gleichförmig mit dem Velo. Dann bremst sie ab und macht eine Pause.

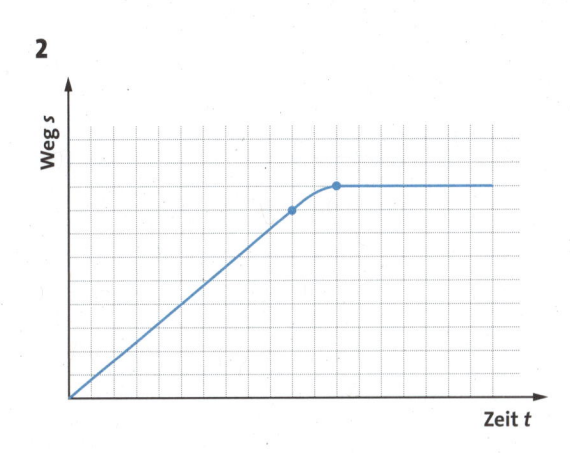

2

(Zeit-Weg-Diagramm: linear ansteigend, dann horizontal)

B

Jan fährt gleichförmig mit den Inlineskates. Darauf bremst er ab.

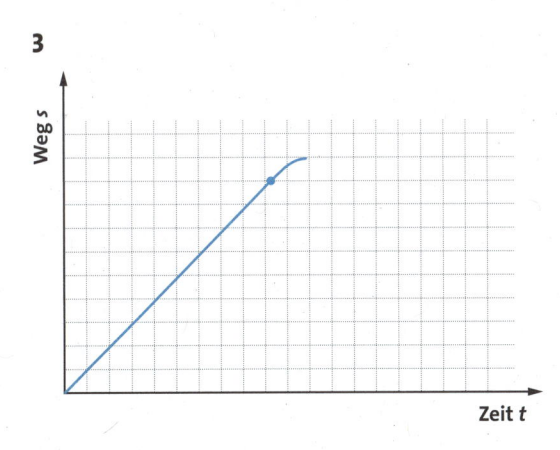

3

(Zeit-Weg-Diagramm: linear ansteigend)

C

Ein Auto fährt zuerst gleichförmig. Darauf beschleunigt das Auto.

2 Zu jedem Zeit-Geschwindigkeits-Diagramm passt eine Geschichte. Verbinde jeweils das Diagramm und die passende Geschichte mit einer Linie.

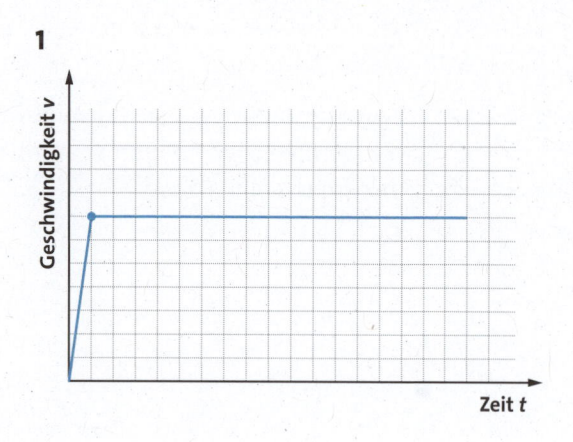

1

A

Marco fährt zuerst gleichförmig mit dem Velo. Darauf bremst er ab, bis er mit dem Velo zum Stillstand kommt.

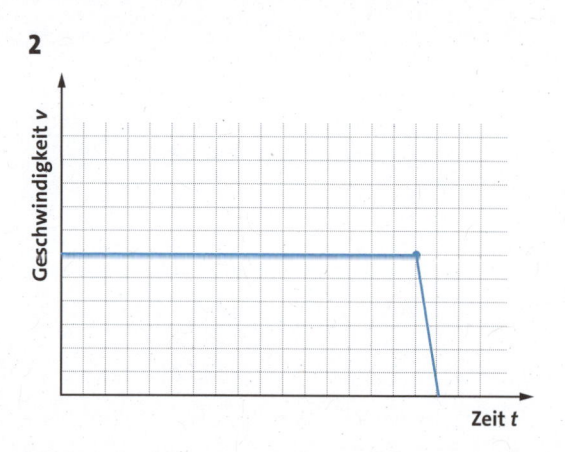

2

B

Chiara beschleunigt zuerst beim Rennen, dann rennt sie mit gleichbleibender Geschwindigkeit weiter.

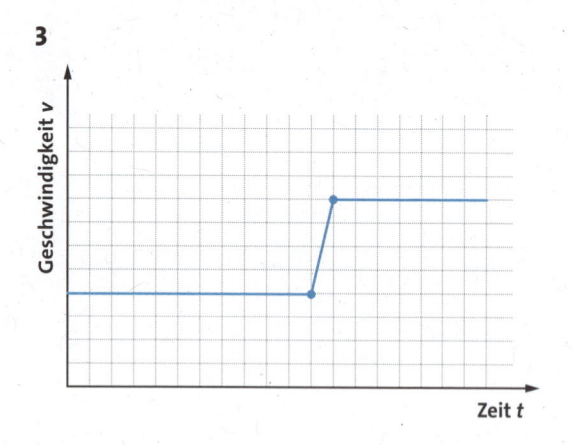

3

C

Ein Auto fährt zuerst gleichförmig. Dann beschleunigt das Auto und fährt mit grösserer Geschwindigkeit gleichförmig weiter.

3 ↗ Erstelle ein eigenes Zeit-Weg- und ein Zeit-Geschwindigkeits-Diagramm.
– Skizziere dafür einen Bewegungsablauf im Diagramm wie bei Auftrag 1 und 2.
– Schreibe anschliessend je eine zum Diagramm passende Geschichte auf.

AM 5.1 N3 ENERGIE ERKUNDEN

Energieformen

1 a Finde möglichst viele Energieformen. Die Wörter können von links nach rechts, von oben nach unten, von rechts nach links und von unten nach oben geschrieben sein.

M	Q	E	M	F	F	V	L	K	J	X	B	Q	B	M	U	V	P	G	G	U	C	L	B	E
J	P	I	B	W	X	S	P	A	N	N	E	N	E	R	G	I	E	U	M	I	S	S	W	I
H	X	G	V	H	Y	W	E	V	K	B	E	R	M	C	L	Q	U	M	Q	J	Y	R	D	B
U	G	R	M	F	L	B	J	N	H	U	N	C	W	S	X	Z	P	W	Q	F	Q	K	C	L
M	B	E	L	G	H	K	B	L	P	G	K	R	L	O	N	H	M	Q	K	P	E	L	N	J
G	E	N	E	N	E	R	G	I	E	S	C	H	U	B	O	W	P	H	U	U	I	H	X	D
W	D	E	U	H	J	F	B	C	M	H	C	W	U	J	O	B	H	L	Q	H	G	P	N	T
W	Q	L	E	T	D	V	D	T	H	E	R	M	I	S	C	H	E	E	N	E	R	G	I	E
T	P	L	I	M	S	Q	D	V	D	H	N	S	Z	O	O	T	B	H	M	W	E	B	W	A
G	O	A	G	Q	K	M	H	Q	S	S	Q	L	B	Q	P	U	P	C	M	C	N	J	G	E
N	J	H	R	C	A	R	L	K	F	U	B	G	J	Z	G	D	F	A	L	L	E	X	M	N
Y	R	C	E	L	X	Y	R	Q	B	I	G	K	O	N	U	D	Y	V	V	Y	H	S	I	H	E
B	B	S	N	E	G	G	Y	U	T	V	E	S	U	U	B	D	O	D	M	R	G	H	V	R
Q	I	D	E	M	V	G	O	F	E	D	P	E	L	Q	F	U	N	F	A	F	N	W	V	G
Q	F	E	S	I	U	L	I	J	Y	X	R	R	E	E	U	G	E	R	L	S	U	M	W	I
S	W	X	G	X	X	Q	E	E	P	B	U	W	E	J	Q	N	S	W	L	C	L	B	W	E
I	O	B	N	A	S	T	V	P	T	T	U	B	H	T	T	H	Y	M	E	T	H	O	T	L
D	U	T	U	F	R	O	Z	C	G	D	Y	S	E	C	R	Z	G	T	R	I	A	E	E	I
K	E	I	G	R	E	N	E	E	H	C	S	I	R	T	K	E	L	E	G	D	R	S	B	E
B	P	G	E	T	G	T	P	K	X	K	U	Q	U	D	D	P	K	T	I	U	T	X	C	F
S	V	Y	W	F	U	B	B	B	B	J	Q	E	B	M	F	D	L	R	N	E	G	S	Z	D	E
O	C	N	E	T	C	H	E	M	I	S	C	H	E	E	N	E	R	G	I	E	N	S	H	R
L	U	J	B	C	X	V	E	F	X	A	D	Q	H	I	N	P	V	X	W	Y	O	H	X	A
X	X	H	D	N	C	H	H	L	A	G	E	E	N	E	R	G	I	E	R	C	O	F	G	N
I	C	F	P	T	T	G	P	N	X	N	U	D	W	T	L	E	P	M	Y	M	B	F	E	T

2 Löse das Worträtsel.

(1) Ein Schlitten, der den Berg hinuntergleitet, hat ... .

(2) Je höher ein Ball hochgehoben wird, desto mehr ... hat er.

(3) Je mehr der Bogen gespannt wird, desto grösser ist die ... .

(4) Nahrung enthält ... .

(5) Die ... von Wasser wird erhöht, wenn es in einem Wasserkocher erwärmt wird.

(6) Je schneller der Ventilator läuft, desto mehr ... nutzt er.

(7) Ein Teil der ... der Sonne wird im Sonnenkollektor in thermische Energie umgewandelt.

(8) Energie misst man in ... .

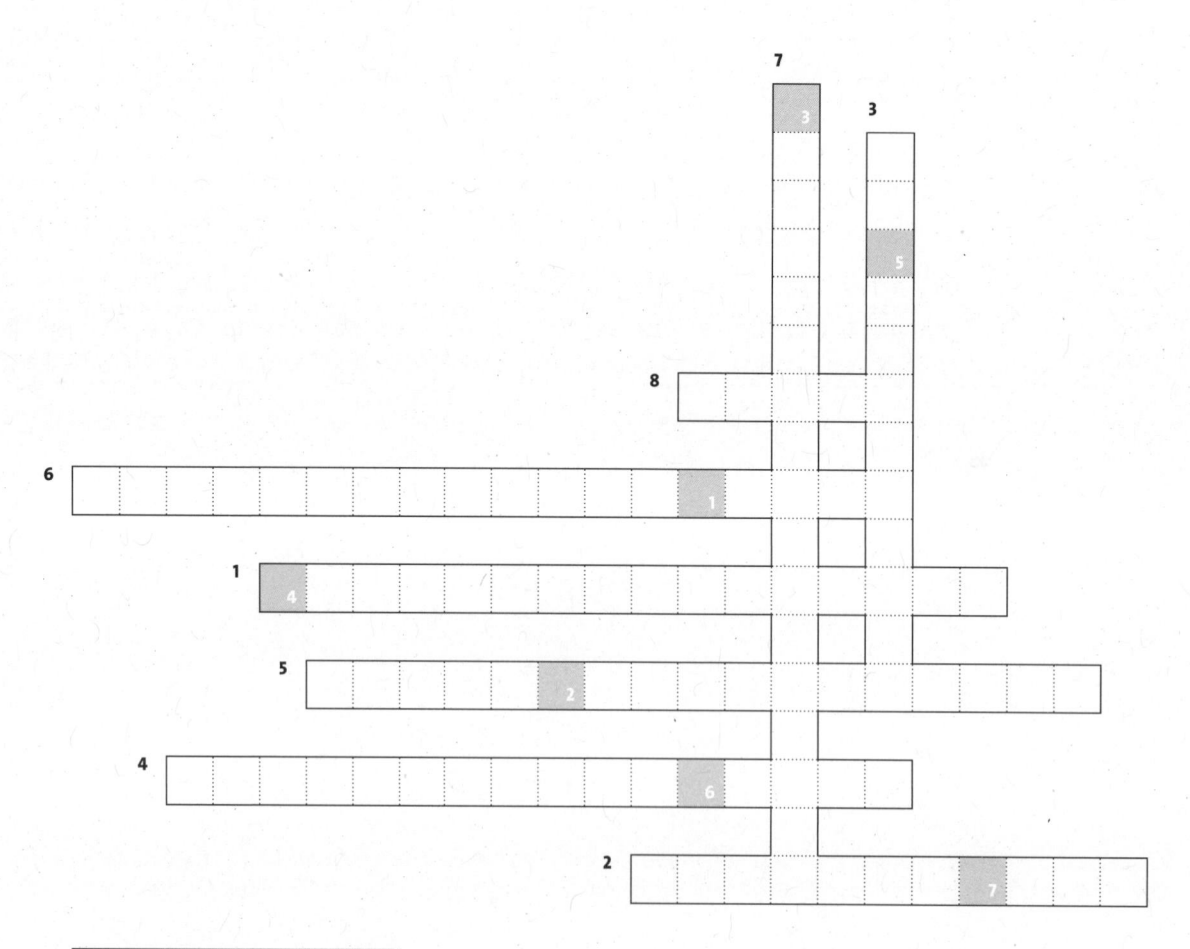

AM 5.2 N123   ENERGIE ERKUNDEN

Energieumwandlungen überall

1 Schreibe die Nummer der Energieumwandlung über das passende Bild.

1. Chemische Energie → Bewegungsenergie → Lageenergie
2. Elektrische Energie → Bewegungsenergie → Schallenergie
3. Bewegungsenergie → Bewegungsenergie → elektrische Energie
4. Chemische Energie → Strahlungsenergie und thermische Energie → Bewegungsenergie und Lageenergie
5. Chemische Energie → thermische Energie → Bewegungsenergie
6. Lageenergie → Bewegungsenergie → Lageenergie
7. Bewegungsenergie → Schallenergie
8. Chemische Energie → Strahlungsenergie und thermische Energie
9. Strahlungsenergie → elektrische Energie
10. Lageenergie → Bewegungsenergie

2 Beschreibe die Energieumwandlung zu zwei Bildern deiner Wahl in eigenen Worten.

AM 5.3 N3 ENERGIE ERKUNDEN

Entwickelt eigene Versuche zur Energieumwandlung

Entwickelt im Team zwei Versuche, mit denen ihr die Umwandlung von einer Energieform in eine andere zeigen könnt.

Tipp Eine Beschreibung der Energieformen findet ihr im Grundlagenbuch in Unterkapitel 5.2.

1 Euer erster Versuch: Die schwingende Schraubenmutter

a Baut den Versuch wie in der Skizze auf.

Das braucht ihr
– Nähfaden
– Schraubenmutter
– Papier
– Klebeband

b Lenkt die Schraubenmutter am Nähfaden auf eine genau bestimmte Höhe aus, lasst sie los und beobachtet die Höhe auf der anderen Seite.

c Wiederholt den Versuch.

d Schreibt auf, welche Energieumwandlung der Versuch zeigt.

.... → ....

2 Jetzt seid ihr dran: Euer zweiter Versuch

Das steht euch zur Verfügung
- Murmel
- Becherglas
- Teebeutel
- Papier
- Nähfaden
- Gummiband
- Murmel
- Streichhölzer
- Knetgummi
- Alufolie
- Schere
- Solarzelle
- Lämpchen
- Kabel
- Krokodilklemmen
- Batterie
- Rechaudkerze

a Skizziert den Aufbau und beschriftet das Material.

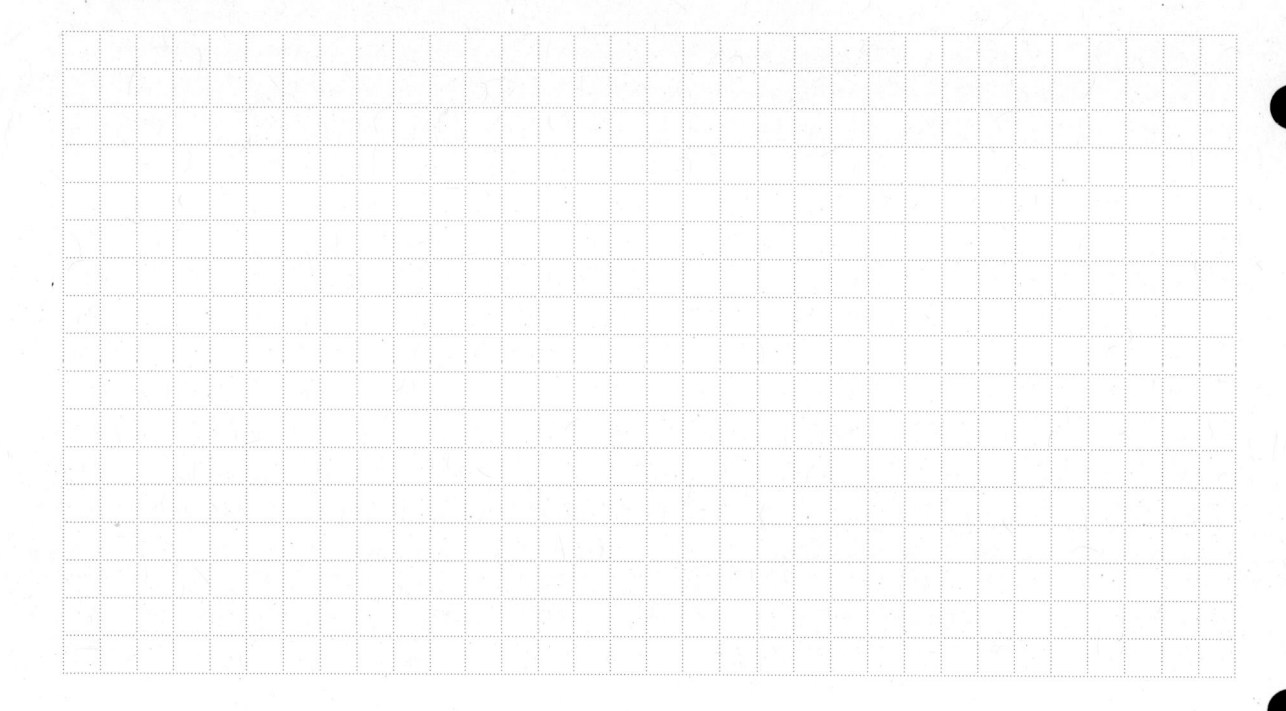

b Führt den Versuch durch.

c Beschreibt eure Beobachtung.

d Schreibt auf, welche Energieumwandlung der Versuch zeigt.

→

3
Stellt eure Experimente einem anderen Team vor, ohne zu sagen, um welche Energieumwandlung es geht. Fragt das andere Team, um welche Energieumwandlung es in euren Experimenten geht.

AM 5.4 N123   ENERGIE ERKUNDEN

Ein Skateboard in der Halfpipe

1. Öffne die Simulation Energieskatepark (▶ OM 5.1).

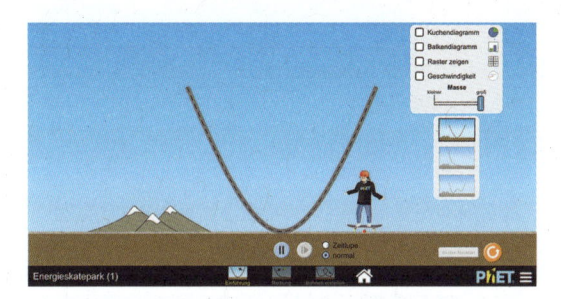

2. Probiere die Funktionen aus. Wenn du Fragen hast, schreibe sie auf.

   ....

   ....

   ....

3. Was meinst du: Welche der folgenden Aussagen sind richtig, welche nicht?

   a Kreuze in der entsprechenden Spalte deine Vermutung an.

   b Überprüfe die Aussagen mithilfe der Simulation.

Aussagen	Deine Vermutung		Deine Überprüfung	
	stimmt	stimmt nicht	stimmt	stimmt nicht
1 Wenn das Skateboard ganz oben startet, kommt es auf der anderen Seite auf der gleichen Höhe an.				
2 Je höher das Skateboard startet, desto grösser ist unten seine Geschwindigkeit.				
3 Am Anfang hat der Skater nur Bewegungsenergie.				
4 Je leichter der Skater ist, desto höher ist seine Geschwindigkeit.				
5 Wenn der Skater nach oben fährt, wird Bewegungsenergie in Lageenergie umgewandelt.				
6 Unten hat das Skateboard gleich viel Bewegungsenergie und Lageenergie.				

AM 5.5 N23   ENERGIE ERKUNDEN

Das Solarauto

1 Bring die Sätze in die richtige Reihenfolge. Nummeriere sie. Einige Nummern sind schon eingetragen.

..... So kann der Elektromotor die elektrische Energie des Solarmoduls in Bewegungsenergie umwandeln.

1 Die Strahlungsenergie der Sonne liefert das Licht für die Solarzelle.

5 Mehrere Solarzellen bilden ein Solarmodul, das mit einem Elektromotor verbunden ist.

7 Damit der Elektromotor funktioniert, muss er mit dem Solarmodul verbunden sein.

..... Das Solarmodul wird mit Drähten am Elektromotor angeschlossen.

..... Die Solarzelle wandelt die Strahlungsenergie der Sonne in elektrische Energie und thermische Energie um.

..... Auch der Elektromotor ist ein Energiewandler.

..... Am Ende können sich nach der zweiten Energieumwandlung im Elektromotor die Räder drehen und das Solarauto fährt los.

3 Daher nennt man die Solarzelle einen Energiewandler.

6 Am Elektromotor befindet sich eine Achse, die sich drehen kann und an der die Räder befestigt sind.

4 Die thermische Energie wird aber nicht mehr genutzt.

2 a Trage die folgenden Energieformen in die Energiewandlungskette ein: thermische Energie, elektrische Energie, Strahlungsenergie und Bewegungsenergie.

b Welche beiden Energiewandler sind an den Umwandlungen beteiligt? Trage sie in die Kreise ein.

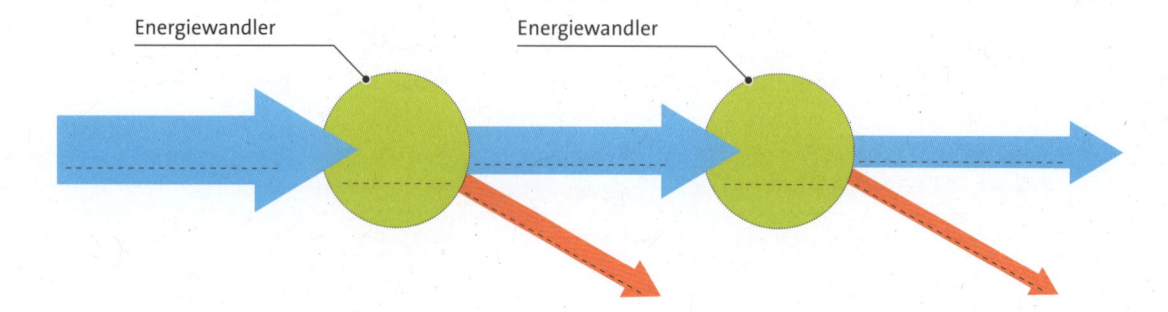

Dein Lieblingshamburger

Ein Hamburger kann unterschiedlich viel Energie liefern. Dabei kommt es darauf an, was alles auf dem Hamburger drauf ist.

⚑ Gut zu wissen

Die Masseinheit der Energie ist das Joule (J) (ausgesprochen: dschul).
Meistens findest du die Einheit Kilojoule (kJ): 1 kJ = 1000 J.
Manchmal entdeckst du auch die Einheit Kilokalorie (kcal): 1 kcal = 4.2 kJ.

1 Welche Energiemenge steckt in den Nahrungsmitteln? Verbinde eine Energiemenge mit einem Nahrungsmittel.

Tipp Recherchiere im Internet zu den Energiemengen.

Energie	Nahrungsmittel
309 kJ	1 Brötli (50 g)
360 kJ	Geflügelfleisch (100 g)
599 kJ	Tomaten (50 g)
3563 kJ	Eisbergsalat (10 g)
92 kJ	1 Essiggurke (20 g)
580 kJ	Tomatenketchup (20 g)
38 kJ	Sauce für Burger (20 g)
6 kJ	Olivenöl (100 g)
13 kJ	Rindfleisch (100 g)
1060 kJ	Kartoffeln (100 g)

2 a Stelle deinen Lieblingshamburger aus der Liste der Nahrungsmittel zusammen. Wenn etwas fehlt, kannst du im Internet recherchieren.

b Berechne die Energiemenge deines Hamburgers.

Nahrungsmittel	Menge	Energiemenge
Gesamt		

3 Was musst du tun, um die Energie deines Lieblingshamburgers wieder in Bewegungsenergie umzuwandeln? Nutze Tabelle 1 in Unterkapitel 5.4.

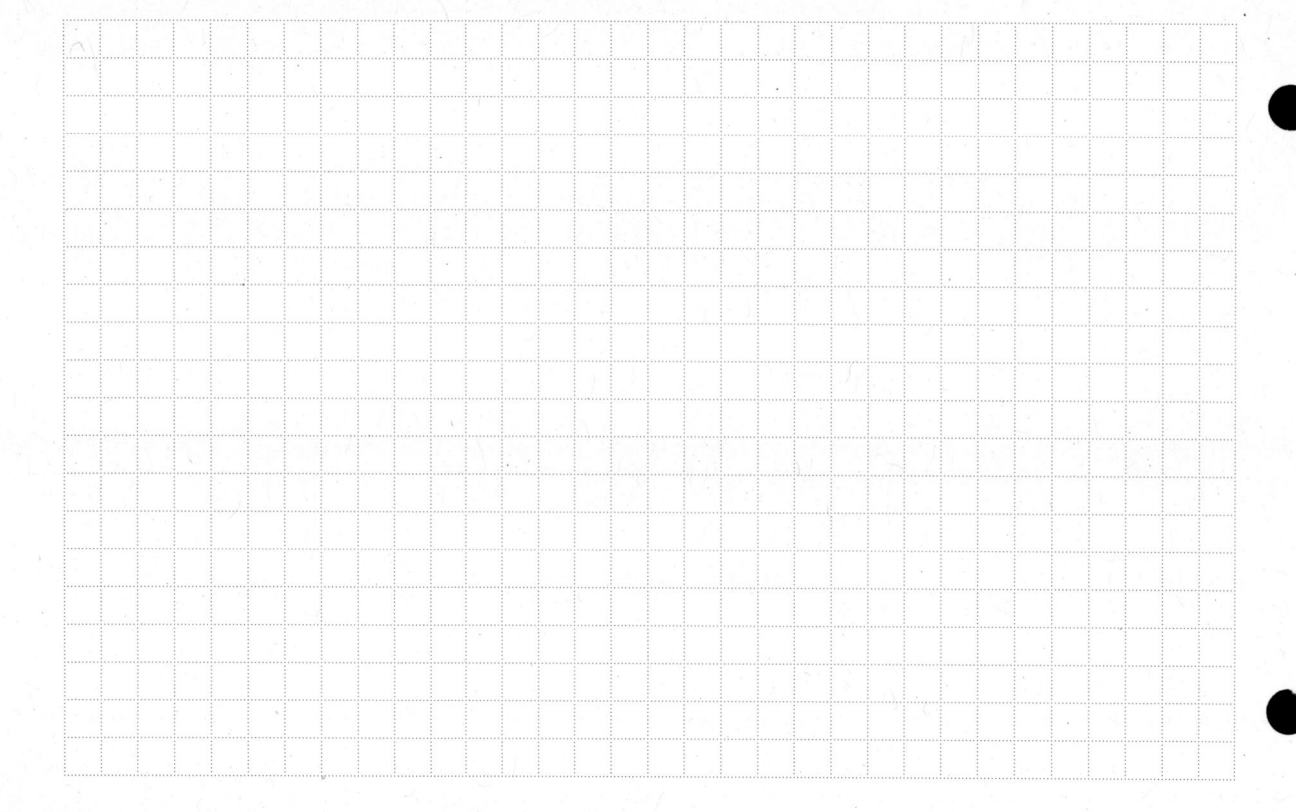

Energieentwertung in der Natur

Pflanzen können die Strahlungsenergie der Sonne in eigene chemische Energie umwandeln. Menschen und Tiere nehmen Energie in Form von chemischer Energie mit der Nahrung zu sich. Diese Nahrung besteht aus Pflanzen, aus Tieren oder aus beidem. Eigentlich stammt alle Energie der Lebewesen vor allem aus Pflanzen. Und da die Pflanzen ihre Energie durch die Umwandlung der Strahlungsenergie der Sonne nutzen, kann man sagen: Die Sonne steht ganz am Anfang aller Energieumwandlungsketten der Natur. Und wie bei jeder Energieumwandlungskette kann die zugeführte Energie nicht vollständig genutzt werden.

Die Infografik zeigt dir, wie viel Energie von Pflanzen und Tieren weitergenutzt wird und wie viel Energie abgegeben wird.

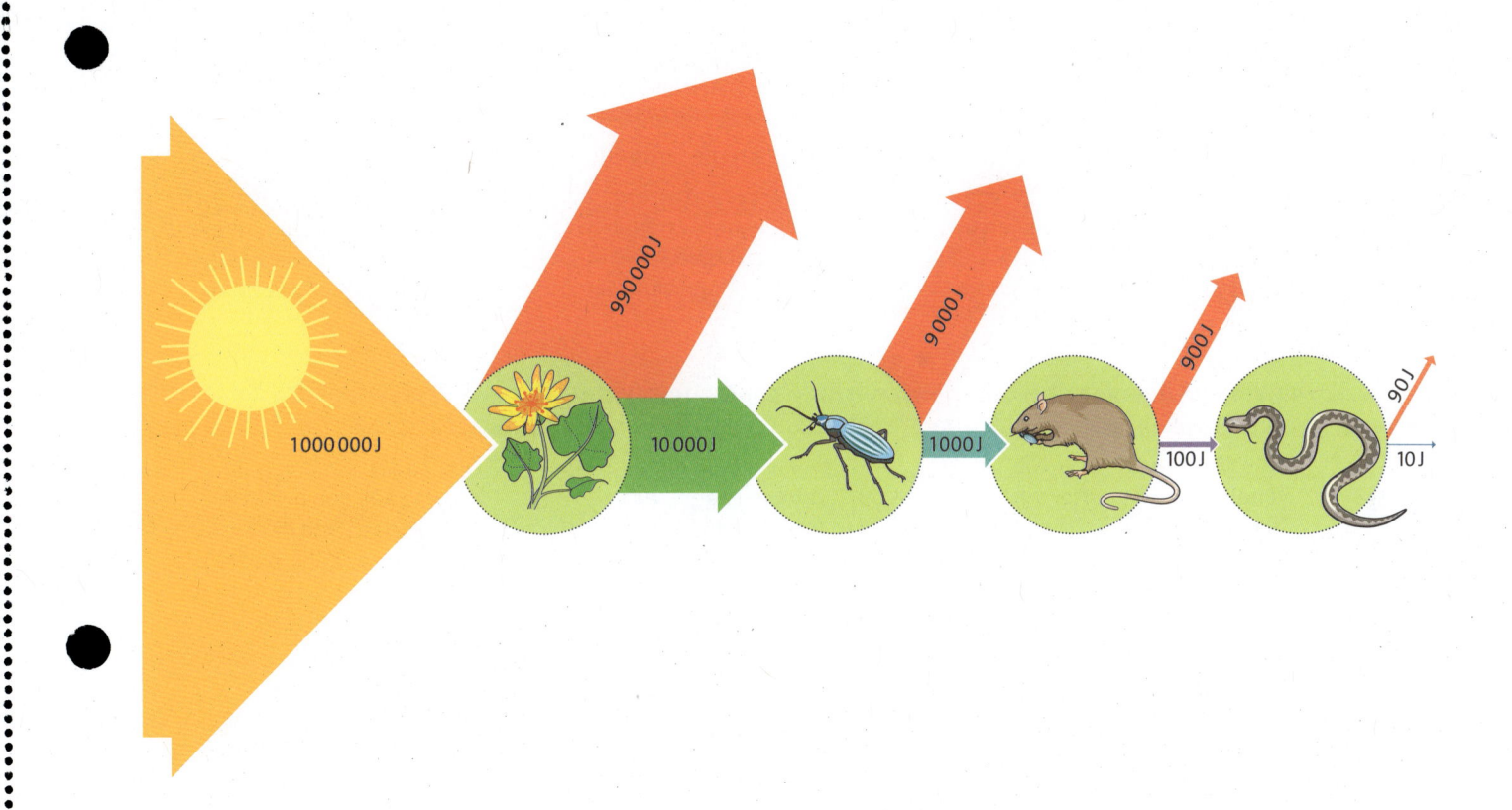

1 Betrachte die Infografik. Markiere die richtigen Antworten (1 A ist eine richtige Antwort).

1. Welche Aussage über die Strahlungsenergie der Sonne ist richtig?

A Von 1 000 000 Joule Strahlungsenergie der Sonne werden nur 10 000 Joule von den Pflanzen genutzt.	B Von 1 000 000 Joule Strahlungsenergie der Sonne werden nur 990 000 Joule von den Pflanzen genutzt.	C Von 1 000 000 Joule Strahlungsenergie der Sonne werden 10 000 Joule als thermische Energie an die Umgebung abgegeben.

2. Welche Aussage über die Insekten ist richtig?

A Den Insekten stehen 1 000 Joule Energie der Pflanzen als Nahrung zur Verfügung.	B Den Insekten stehen 10 000 Joule Energie der Pflanzen als Nahrung zur Verfügung.	C Den Insekten stehen 9 000 Joule Energie der Pflanzen als Nahrung zur Verfügung.

3. Welche Aussage über den Energietransport an die Umgebung ist richtig?

A Nur ein kleiner Teil der Energie wird nicht genutzt oder geht an die Umgebung verloren.	B Fast die gesamte Energie wird nicht genutzt oder geht an die Umgebung verloren.	C Etwa die Hälfte der Energie wird nicht genutzt oder geht an die Umgebung verloren.

4. Welche Aussage über die Energienutzung der Maus ist richtig?

A Die Maus nutzt 100 Joule Energie aus den Insekten, die sie frisst. 9 900 Joule Energie bleiben ungenutzt oder werden in die Umgebung transportiert.	B In der Maus bleiben 9 900 Joule Energie aus den Insekten, die sie frisst. 100 Joule Energie bleiben ungenutzt oder werden in die Umgebung transportiert.	C Die Maus nutzt 1 000 Joule Energie aus den Insekten, die sie frisst, und der Rest der Energie bleibt in den Pflanzen.

AM 5.8 N123 — ENERGIE ERKUNDEN

Heisse oder kalte Dose

Du und dein Team werden heute zu Ingenieurinnen und Ingenieuren. Setze dein Wissen über Wärmestrahlung, Wärmeströmung und Wärmeleitung ein, um ein Gerät zu entwickeln. Das Gerät soll das Wasser in einer Dose so warm wie möglich oder so kühl wie möglich halten.

Das braucht ihr
- zwei leere, saubere Getränkedosen
- Thermometer
- Stoppuhr
- Schere
- Klebeband
- Schnur

Das steht euch auch zur Verfügung
- schwarzes und weisses Papier oder Karton
- Stoffreste
- Styropor oder Verpackungsstücke
- Luftpolsterfolie
- Zeitungen
- Steppdecke
- Aluminiumfolie
- Plastiktüten

1 Entscheidet euch für eine der beiden Aufgaben. Kreuzt an:

☐ Entwickelt zusammen eine Möglichkeit, das Wasser in der Getränkedose kalt zu halten.

☐ Entwickelt zusammen eine Möglichkeit, das Wasser in der Getränkedose warm zu halten.

2 a Wie könnt ihr dafür sorgen, dass das Wasser in der Dose warm oder kalt bleibt? Schreibt eure Ideen auf. Nutzt dabei euer Wissen zu Wärmestrahlung, Wärmeströmung und Wärmeleitung.

....

....

....

....

....

b Zeichnet eure Idee als Skizze.

3 Führt Messungen durch.

a Verändert *eine* Dose so, dass sie Wasser möglichst lang kalt/warm hält, wie ihr es in Auftrag 2 geplant habt.

b Füllt beide Dosen mit 4 °C kaltem / 60 °C warmem Wasser.

c Überwacht 20 min lang die Temperatur in beiden Dosen.

d Messt alle 5 min die Temperatur und schreibt sie in die Tabelle.

e Übertragt eure Messungen in das Diagramm.

Messung nach ... min	Temperatur des Wassers T in Dose 1 in °C	Temperatur des Wassers T in Dose 2 in °C
0		
5		
10		
15		
20		

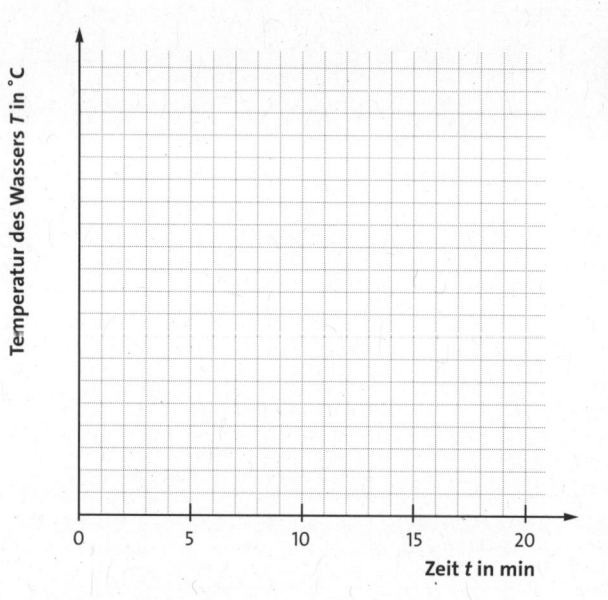

f Schreibt auf, um wie viele °C sich die Temperatur des Wassers verändert hat.

4 Hat eure Idee funktioniert, um die Dose warm/kalt zu halten? Erklärt, warum oder warum nicht.

AM 5.9 N3   ENERGIE ERKUNDEN

Warum friert der Eisbär nicht?

1 Lies den Text über die Eisbären durch.

   a Markiere alle Energieformen im Text blau.

   b Markiere die Wörter Wärmestrahlung und Wärmeleiter rot.

   c Markiere die Wörter Isolator, Isolation und isolieren gelb.

Eisbären (Bild 1) leben mit dem treibenden Eis im Meer um den Nordpol. Selbst im Sommer ist es dort nicht besonders heiss. Drei Dinge helfen dem Eisbären, damit er nicht friert: seine Haare, seine Haut und seine Fettschicht unter der Haut.

Das Eisbärenfell hat eine gelbweisse Farbe. Das liegt daran, dass seine durchsichtigen Haare wie bei einem Schwamm mit Luft gefüllt sind. Luft ist ein sehr schlechter Wärmeleiter. Deshalb wirken die luftgefüllten Haare als Isolatoren. So bleibt die thermische Energie besser im Eisbären und wird nicht in die Umgebung transportiert. Seine dichten Haare isolieren den Eisbären so stark, dass die Temperatur an der Oberfläche seines Fells und die Umgebungstemperatur fast gleich sind. Eisbären sieht man deshalb auch mit einer Thermobildkamera fast nicht (Bild 2).

Die durchsichtigen Haare des Eisbären lassen Sonnenlicht durch. Dadurch gelangt Wärmestrahlung der Sonne zur Haut. Im Gegensatz zum Fell ist die Haut des Eisbären aber schwarz. Schwarze Farbe absorbiert die Wärmestrahlung besser als weisse Farbe. Mit seiner schwarzen Haut kann der Eisbär die Strahlungsenergie der Sonne optimal nutzen und in thermische Energie umwandeln.

Unterhalb der Hautschicht sorgt eine dicke Fettschicht zusätzlich für eine sehr gute Isolation. Auch die Fusssohlen des Eisbären haben ein dichtes Fell, das die Füsse wie ein Schuh schützt und ein Ausrutschen auf dem Eis verhindert. Die vorderen Tatzen haben auch Schwimmhäute. Die Füsse der Eisbären sind also Schneeschuhe und Paddel in einem. So ist er optimal an die Kälte angepasst und kann im 8 °C kalten Wasser ohne Probleme schwimmen.

Bild 1 Ein Eisbär im Wasser

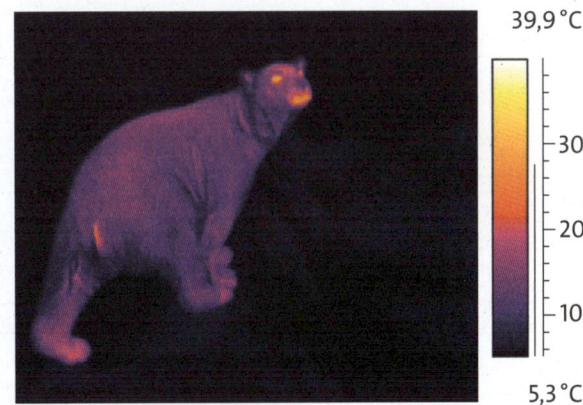

Bild 2 Thermobild eines Eisbären

2 Erkläre jemandem aus deiner Klasse mithilfe der Skizze vom Eisbärenfell (Bild 3), warum ein Eisbär nicht friert.

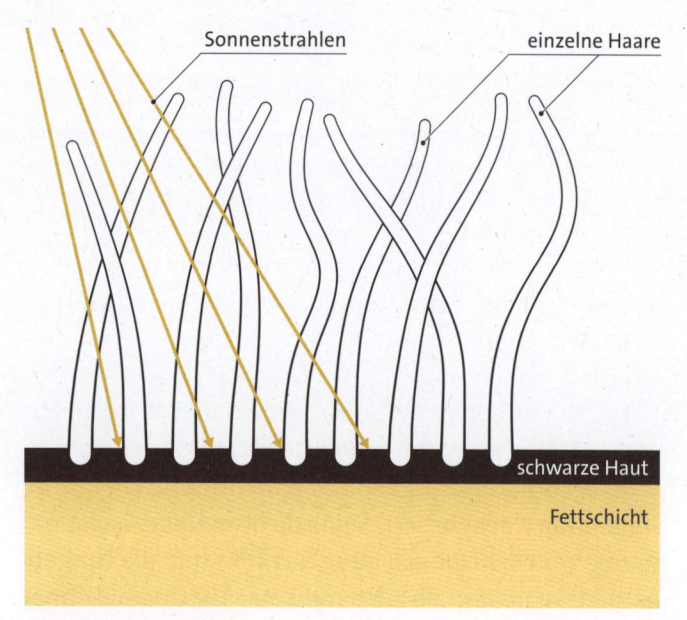

Bild 3 Eisbärenfell

AM 5.10 N3   ENERGIE ERKUNDEN

Energiewürfel als Modell

Im Grundlagenbuch hast du die Energieerhaltung für das Knicklicht kennen gelernt. Hier wiederholst du die wichtigen Begriffe und überprüfst, ob du verstanden hast, was eine Energieerhaltung ist. Auf den sechs Seiten des Energiewürfels sind folgende Energieformen:

B: Bewegungsenergie
C: Chemische Energie
T: Thermische Energie
L: Lageenergie
E: Elektrische Energie
S: Strahlungsenergie / Spannenergie / Schallenergie

Diese Regeln gelten für das Drehen und Schieben der Energiewürfel:

Energie wird umgewandelt: ↻   Drehen

Energie wird transportiert: →   Schieben

1   Stell dir die folgende Situation vor: Eine Schraubenmutter rutscht eine schiefe Ebene (zum Beispiel ein Lineal) hinunter.

    a   Spiele die Situation mit Energiewürfeln nach. Die Bilder unten zeigen Anfang und Ende.

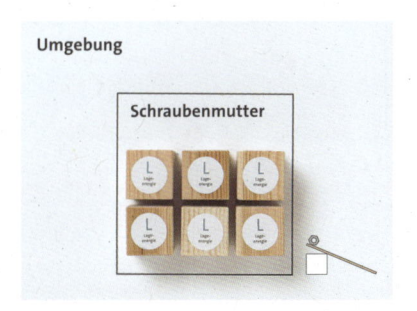

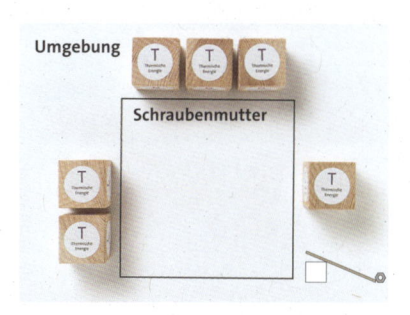

Energieformen am Anfang: Energieformen zwischendrin: Energieformen am Ende:

L L L L L L   _____   T T T T T T

    b   Überlege, was im mittleren Teil der Energieumwandlung passiert.

    c   Zeichne das mittlere Bild. Das Bild soll zeigen, was du gemacht hast. Falls du nicht weiterweisst, sieh im Grundlagenbuch in Unterkapitel 5.6 nach.

d Diese Energieform lag am Anfang vor:

....

e Diese Energieform lag am Ende vor:

....

f Welche Energieformen nimmt die Energie *zwischen* dem Anfang und dem Ende der Energieumwandlungen an?

....

....

....

g Ist etwas nicht klar? Schreibe deine Fragen auf.

....

....

....

....

....

....

....

AM 5.11 N23   ENERGIE ERKUNDEN

Energie im Stromkreis geht nicht verloren

Eine Batterie hat eine bestimmte Menge an chemischer Energie. Erst wenn der Stromkreis geschlossen ist, beginnt eine Energieumwandlung.

1 Spiele das Beispiel mit der Batterie mit den Energiewürfeln durch. Unterscheide zwischen Energieumwandlung und Energietransport. Sieh im Grundlagenbuch im Unterkapitel 5.6 nach, wenn du nicht weiterweisst.

2 Ordne die fünf Texte den richtigen Bildern zu.

1
Am Ende ist die ganze chemische Energie in thermische Energie umgewandelt worden.
Alle Würfel sind auf T gedreht und befinden sich in der Umgebung.

2
Die Batterie hat chemische Energie. Der Schalter ist geöffnet und es fliesst noch kein elektrischer Strom.
Ich nehme für die Energiemenge 6 Energiewürfel. Zu Beginn des Vorgangs zeigen alle Energiewürfel oben C für chemische Energie.

3
Es wird immer mehr chemische Energie der Batterie in elektrische Energie umgewandelt. Die elektrische Energie wird in Strahlungsenergie und thermische Energie umgewandelt und in die Umgebung transportiert.
Alle Würfel müssen gedreht werden und die S-Würfel und T-Würfel in die Umgebung verschoben werden.

4
Es wird immer mehr chemische Energie in elektrische Energie und dann in Strahlungsenergie und thermische Energie umgewandelt.
Es werden wieder die Würfel gedreht und die S- und T-Würfel in die Umgebung geschoben.

5
Sobald der Schalter geschlossen wird, fliesst der elektrische Strom und die Lampe leuchtet. Dabei finden mehrere Energieumwandlungen fast gleichzeitig statt: Die chemische Energie wird in elektrische Energie umgewandelt.
Drei Würfel werden von C auf E gedreht.
Diese elektrische Energie wird in der Lampe dann in Strahlungsenergie (Licht) und in thermische Energie umgewandelt und in die Umgebung transportiert.
Zwei der Würfel mit E werden in einen Würfel mit S und einen Würfel mit T gedreht und in die Umgebung verschoben.

A ○

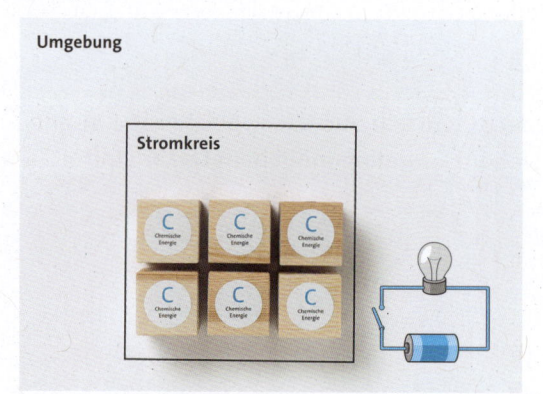

Umgebung

Stromkreis

B ○

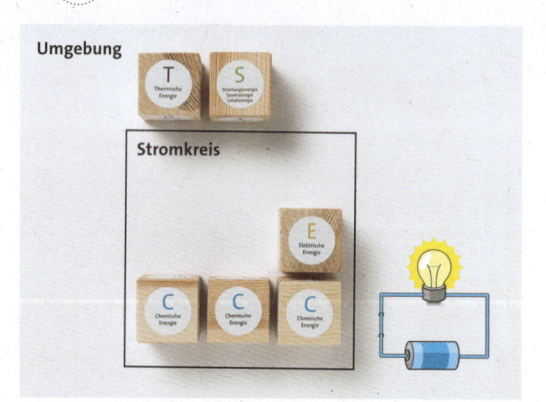

Umgebung

Stromkreis

C ○

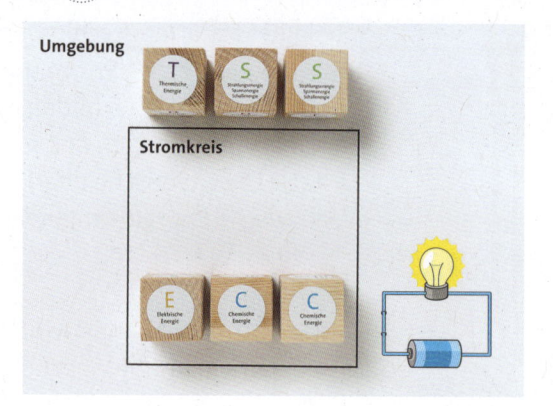

Umgebung

Stromkreis

D ○

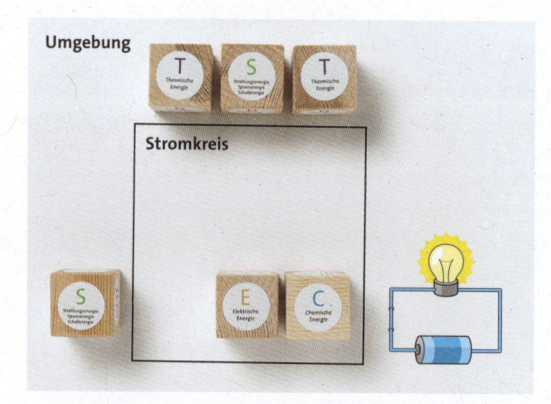

Umgebung

Stromkreis

E ○

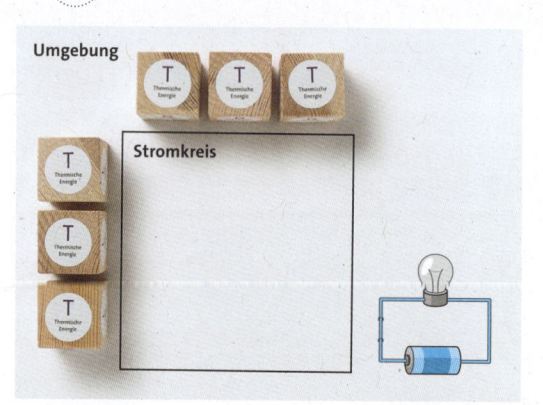

Umgebung

Stromkreis

AM 5.12 N123   ENERGIE ERKUNDEN

Baut eure eigene Achterbahn

Den Auftrag und die Bauanleitung zum Bau einer Papierachterbahn findet ihr in OM 5.8 und OM 5.9. Arbeitet zu zweit oder zu dritt.

1 Lest den Auftrag (▶OM 5.8) genau durch und schaut die Bauanleitung (▶OM 5.9) genau an.

2 Diskutiert gemeinsam, wie eure Bahn aussehen soll.

3 Zeichnet eure Idee.

4 Beschreibt an drei Stellen eurer Achterbahn mithilfe der Energiewürfel, welche Energieformen vorkommen. Schreibt die Nummern 1, 2 und 3 neben die Stelle der Achterbahn, um die es geht.

Stelle 1:

....

....

....

Stelle 2:

....

....

....

Stelle 3:

....

....

....

Zum Beispiel: Kugel oben im Looping: Von insgesamt zehn Energiewürfeln sind vier mit einem B für Bewegungsenergie und drei mit einem L für Lageenergie bei der Murmel und drei mit einem T für thermische Energie ausserhalb des Loopings.

5 Fertig mit der Planung? Dann nichts wie los: Baut die Papierachterbahn.

6 Nach dem Bau eurer Achterbahn beginnt die Testphase. Die Murmel wird am Start losgelassen und es wird die Zeit vom Start bis ins Ziel gestoppt.
Fällt die Murmel zu Boden oder bleibt stecken, schreibt ihr «ungültig» auf.

Versuch 1 .... Sekunden

Versuch 2 .... Sekunden

Versuch 3 .... Sekunden

Versuch 4 .... Sekunden

Versuch 5 .... Sekunden

Durchschnittszeit für alle Versuche: .... Sekunden

AM 6.1 N3 ARBEITEN IM LABOR

Wie der Gasbrenner funktioniert

Mit diesem AM übt ihr das Arbeiten mit einem Gasbrenner. Arbeitet zu dritt.

⚠ Beachtet

Beachtet die Experimentierregeln im Grundlagenbuch in Unterkapitel 6.2, bevor ihr die folgenden Aufträge zum Gasbrenner ausführt.

> **Das braucht ihr**
> – 1 Schutzbrille pro Person
> – Haargummi für lange Haare
> – 1 feuerfeste Unterlage
> – 1 Gasbrenner
> – 1 Feuerzeug oder Streichhölzer
> – 2 Reagenzgläser
> – 1 Magnesiastäbchen

1 Die Brennerflamme entzünden

a Überprüft, ob die Gaszufuhr und die Luftzufuhr geschlossen sind.

b Entzündet das Feuerzeug oder das Streichholz.

c Öffnet die Gasregulierung und entzündet sofort das ausströmende Gas.

Das Gas brennt mit leuchtender Flamme.

2 Unterschiedlich heisse Flammen einstellen

Öffnet langsam die Luftregulierung, bis die Flamme bläulich mit hellerem Innenkegel leuchtet.

Das Gas brennt mit rauschender Flamme.

⚠ Vorsicht

Besonders die heisse, rauschende Flamme kann man leicht übersehen und sich daran verbrennen. Daher solltet ihr eine leuchtende Flamme einstellen oder den Brenner ganz ausstellen, wenn ihr gerade keine heisse Flamme braucht.

3 Den Russ sichtbar machen

a Stellt eine leuchtende Flamme ein.
  – Haltet ein Reagenzglas über diese Flamme.
  – Haltet das Reagenzglas vor ein weisses Blatt Papier.
  – Beschreibt, wie das Reagenzglas aussieht.

b Stellt nun eine rauschende Flamme ein.
  – Haltet wieder ein Reagenzglas über die Flamme.
  – Betrachtet das Reagenzglas genau.
  – Beschreibt, welchen Unterschied ihr zu Auftrag a feststellt.

4 Die Temperatur der Flamme untersuchen

a Haltet ein Magnesiastäbchen wie im Bild in die verschiedenen Flammen. Wenn das Magnesiastäbchen aufglüht, ist die Flamme besonders heiss.

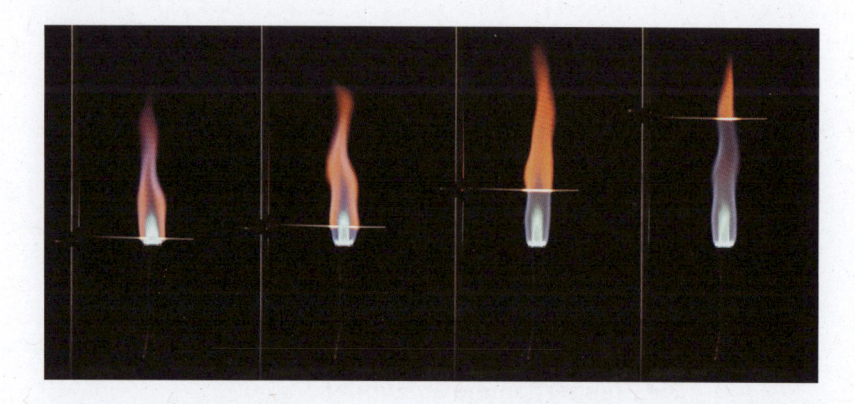

b Wo ist die Flamme besonders heiss? Zeichnet für euren Brenner, wo die rauschende und wo die leuchtende Flamme ihre heissesten Stellen haben.

Rauschende Flamme	Leuchtende Flamme

5 Kreuzt an, wie der Satz weitergeht:
Zum Löschen des Brenners

☐ wird die Flamme wie eine Kerzenflamme ausgeblasen.

☐ wird der Gashahn geschlossen.

6 Ihr stellt Gasgeruch im Raum fest. Kreuzt an, was ihr tun müsst:

☐ Weglaufen.

☐ Alle Zündquellen wie andere Brenner, Kerzenflammen u. a. sofort löschen.

☐ Keine elektrischen Schalter (auch keine Lichtschalter) betätigen.

☐ Gashahn schliessen.

☐ Fenster und Türen öffnen.

7 Kreuzt an, welche Flamme heisser ist:

☐ Die rauschende Flamme.

☐ Die leuchtende Flamme.

8 Kreuzt an, welche Flamme viele Russteilchen enthält:

☐ Die rauschende Flamme.

☐ Die leuchtende Flamme.

AM 6.2 N3 ARBEITEN IM LABOR

Gefahrensymbole

1 Beschreibe die GHS-Symbole:

a Schreibe zu jedem Symbol den passenden Begriff.

Tipp **Begriffe:**
- ätzend
- explosiv
- gefährlich
- brandfördernd
- umweltgefährdend
- gesundheitsschädigend
- Gas unter Druck
- giftig
- hochentzündlich

b Schreibe zu jedem Symbol ein Stoffbeispiel.

Tipp **Stoffbeispiele:**
- Sprengstoff
- Rattengift
- Propangas
- Motorenöl
- Benzin
- Petroleum
- Bleichmittel
- Entkalker
- Ethanol

GHS-Symbol	Begriff	Stoffbeispiel	Verhaltensanweisung
(Flamme)			(kein Feuer, nicht rauchen)
(Ätzend)			(Handschuhe, Schutzbrille, nicht berühren, nicht essen/trinken) nicht einatmen
(!)			(Schutzbrille, nicht essen/trinken)
(Umwelt)			nicht ins WC giessen / Freisetzung in die Umwelt vermeiden

NaTech 7 © Lehrmittelverlag Zürich

GHS-Symbol	Begriff	Stoffbeispiel	Verhaltensanweisung
			kühl oder im Schatten aufbewahren
			nicht gemeinsam mit brennbaren Stoffen aufbewahren
			nicht einatmen
			nicht einatmen
			vor Gebrauch besondere Anweisungen einholen
	Bei jeder Laborarbeit mit Gasbrennern oder mit gefährlichen Stoffen		vor dem Start besondere Anweisungen einholen

Volumenbestimmung

Wenn du eine bestimmte Menge einer Flüssigkeit abmessen möchtest, brauchst du Laborgeräte mit Volumenkennzeichnung. Bechergläser und Erlenmeyerkolben sind mit einer Volumenkennzeichnung versehen, die sich nur zum *groben Abmessen* von Flüssigkeiten eignet.

Zum *genauen Abmessen* verwendest du Messzylinder, Messpipetten und Büretten.

1 Bei Messzylindern wird 0 ml ganz unten an der Skala angezeigt und die Zahlenwerte nehmen nach oben zu. Bei den Messpipetten und Büretten ist es gerade umgekehrt: 0 ml steht ganz oben und die Zahlenwerte nehmen nach unten zu.

Überlege mit jemandem aus deiner Klasse: Was ist der Grund für diesen Unterschied?

2 Diese Messpipette zeigt genau 35.7 ml an:

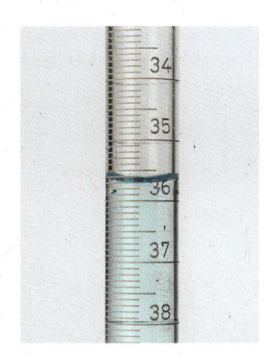

Schreibe auf, was diese Messzylinder und Messpipetten anzeigen:

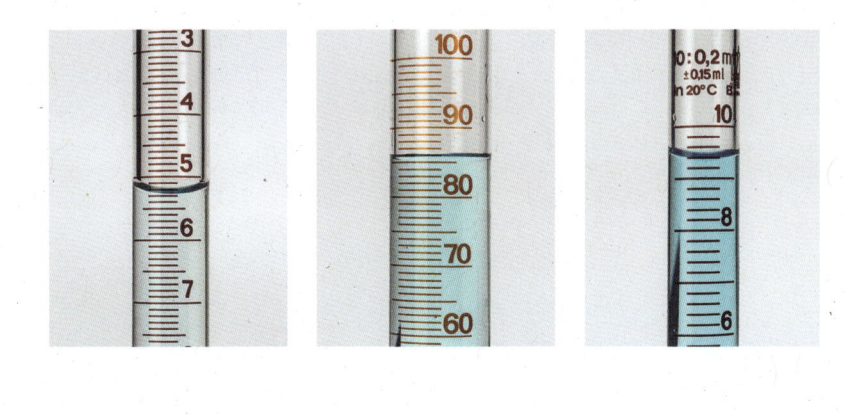

.... ml   .... ml   .... ml

3 Messt selbst

Arbeitet zu zweit.

Das braucht ihr
- 1 Messzylinder 100 ml
- 1 Messzylinder 10 ml
- 1 Becherglas 100 ml
- 1 Spritzflasche mit Wasser
- 1 Pipette
  inkl. Pipettensauger

a Messt mit einem Messzylinder genau 100 ml Wasser ab. Giesst dieses Wasser in ein Becherglas.

Gebt an, wie viele ml Wasser das Becherglas anzeigt.

Vermutet und schreibt auf, wie genau die Volumenkennzeichnung beim Becherglas ist.

b Messt mit einem 10-ml-Messzylinder fünfmal genau 10 ml Wasser ab und giesst diese 5 Portionen in den grossen Messzylinder (100 ml).

Gebt an, wie viele ml Wasser der grosse Messzylinder nach fünf Portionen anzeigt.

Entsprechen fünfmal 10 ml genau 50 ml oder gibt es Abweichungen?
Beschreibt eure Beobachtung.

Überlegt und schreibt auf, warum das so ist.

Massenbestimmung

Mit der Küchenwaage (Bild 1) kannst du grosse Mengen abwägen.

Im Labor werden Präzisionswaagen (Bild 2) verwendet. Sie messen auf Hundertstelgramm genau. Man kann nur kleine Mengen abwägen.

Behandle Präzisionswaagen sorgfältig:
— Überlaste die Waage nicht. Die maximale Belastbarkeit ist auf der Waage angegeben.
— Chemikalien dürfen nie direkt auf der Waagschale abgewogen werden. Benutze immer ein Papier oder ein Becherglas.

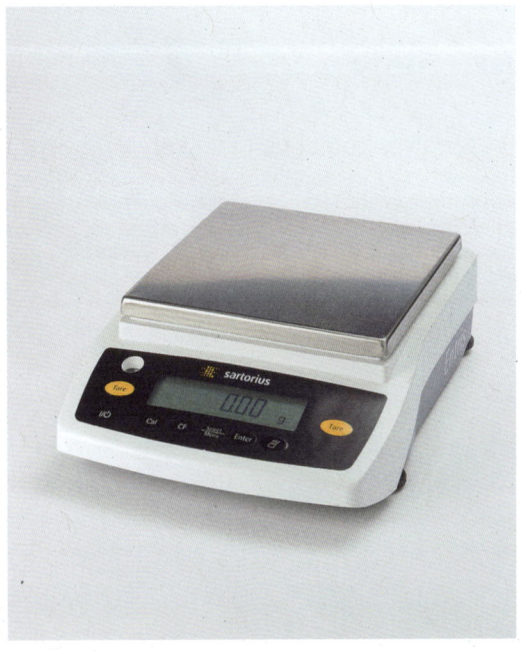

Bild 1 Küchenwaage

Bild 2 Präzisionswaage

Richtig abwägen
— Einschalten der Waage und warten, bis sich die Waage auf 0.00 g austariert hat.
— Auflegen des Papiers oder Becherglases. Erneutes Abwarten bis zur Austarierung der Waage.
— Drücken der Tara-Taste. Jetzt zeigt die Waage wieder 0.00 g an, wobei das Filterpapier oder das Becherglas nicht mehr berücksichtigt werden.
— Portionsweise Zugabe des Stoffes: bei Feststoffen mit Spatel, bei Flüssigkeiten mithilfe einer Pipette.

1 Wägt selbst
Arbeitet zu zweit.

Das braucht ihr
- 1 Präzisionswaage
- verschiedene Stifte
- mehrere 1-Franken-Münzen
- 1 Haar

a Wie schwer sind die Stifte in eurem Etui?

....

....

b Wie schwer ist eine 1-Franken-Münze?

....

c Sind verschiedene 1-Franken-Münzen gleich schwer? Probiert es aus.

....

d Wie schwer ist ein einzelnes Haar?

....

AM 6.5 N3   ARBEITEN IM LABOR

Stoffeigenschaften experimentell bestimmen

Untersucht zu dritt verschiedene Stoffe und findet ihre Eigenschaften.

Das braucht ihr
- 1 Magnet
- 2 Bechergläser 100 ml
- 1 Spatel
- 1 Glasstab
- 1 Lämpchen mit Halterung
- 1 Batterie 4.5 V
- 3 Kabel
- 4 Krokodilklemmen
- 2 Drahtstücke (10 cm) oder 2 Nägel
- verschiedene Stoffe (siehe Tabelle bei Auftrag 1)

1 Überprüft, ob die in der Tabelle angegebenen Stoffe magnetisch, wasserlöslich oder elektrisch leitend sind.
Tragt eure Ergebnisse in die Tabelle ein.

Stoff	magnetisch		wasserlöslich		elektrisch leitend	
	ja	nein	ja	nein	ja	nein
Eisen						
Kupfer						
Aluminium						
Nickel						
Glas						
Holz						
Graphit						
Mehl						
Zucker						
Sand						
Kochsalz						

⚠️ **Beachtet**

Die Stecker der Kabel verschmutzen im Salzwasser. Verwendet bei allen Flüssigkeiten zusätzlich Krokodilklemmen und Drahtstücke oder Nägel zum Eintauchen in die Flüssigkeit.

Stoff	magnetisch		wasserlöslich		elektrisch leitend	
	ja	nein	ja	nein	ja	nein
Salzwasser						
Leitungswasser						
reines Wasser						
Ethanol						
Benzin						

2 a Wählt drei weitere Stoffe und überprüft, ob sie magnetisch, wasserlöslich oder elektrisch leitend sind.

b Tragt eure Ergebnisse in die Tabelle ein.

AM 6.6 N3 ARBEITEN IM LABOR

Werkstatt Stoffeigenschaften

1 pH-Wert
Findet heraus, welchen pH-Wert verschiedene Flüssigkeiten haben. Arbeitet zu dritt.

Das braucht ihr
- 1 Rolle pH-Papier (siehe Bild)
- 1 Glasstab
- verschiedene Wasserproben
- verschiedene Lebensmittel
- verschiedene Reinigungsmittel
- verschiedene Körperflüssigkeiten (z. B. Tränen, Schweiss, Speichel)

a Nehmt sechs Proben von verschiedenen Wassern, Lebensmitteln, Reinigungsmitteln und Körperflüssigkeiten.

b Reisst für jeden Test vom pH-Papier ein etwa 3 cm langes Stück ab.

c Gebt mit einem Glasstab einen Tropfen der Flüssigkeit, die ihr testen wollt, auf das abgerissene pH-Papier.

d Vergleicht die entstehende Farbe mit dem Farbmuster auf der Schachtel. Schreibt eure Ergebnisse auf:

⚠ **Beachtet**
Legt das benutzte pH-Papier nicht auf die Tischplatte, denn es färbt häufig stark ab.

Flüssigkeit	pH-Papier

Die pH-Werte haben diese Bedeutung:

pH < 7	pH = 7	pH > 7
sauer	neutral	basisch
Säure	reines Wasser	Lauge

🚩 **Gut zu wissen**
Der pH-Wert kann nur bei Flüssigkeiten gemessen werden. Die genauere Bedeutung des pH-Werts werdet ihr in NaTech 8 kennen lernen.

2 Wärmeleitung

Findet heraus, welche Stoffe Wärme gut leiten oder nicht gut leiten.

Das braucht ihr
- verschiedene Gegenstände aus Plastik, Holz und Metall
- etwas Butter
- 3 kleine Brotstücke
- 1 Porzellanschale
- heisses Wasser

a Klebt an das eine Ende der Gegenstände mit Butter ein kleines Stück Brot. Stellt alle Gegenstände in eine Schale mit heissem Wasser.

b Vermutet, was bei diesem Versuch passieren wird. Schreibt eure Vermutung auf.

....

....

c Beobachtet, was passiert. Schreibt eure Beobachtung auf.

....

....

Brotwürfel, mit Butter befestigt

Schale mit Wasser

d Fasst zusammen: Welche Stoffe leiten Wärme gut, welche nicht so gut?

....

....

....

3 Geruch

Findet durch Riechen heraus, was in welchem Reagenzglas ist.

Das braucht ihr
- 12 Reagenzgläser (verschieden gefüllt)

Schreibt auf, was ihr in den Reagenzgläsern vermutet.

1. ....   7. ....

2. ....   8. ....

3. ....   9. ....

4. ....   10. ....

5. ....   11. ....

6. ....   12. ....

AM 6.6 N3   ARBEITEN IM LABOR

4 Verhalten beim Erhitzen

Findet heraus, wie sich Stoffe beim Erhitzen verändern.

a Gebt einen Spatel eines pulvrigen Stoffs in ein Reagenzglas.

b Haltet das Reagenzglas mit der Reagenzglasklammer in die Brennerflamme.

⚠ Vorsicht
Arbeitet auf der feuerfesten Unterlage.

c Beobachtet, wie und wie schnell sich die Stoffprobe verändert.

d Schreibt eure Beobachtungen auf:

> **Das braucht ihr**
> – 1 Schutzbrille pro Person
> – 1 Haargummi für lange Haare
> – 1 feuerfeste Unterlage
> – 1 Gasbrenner
> – 1 Feuerzeug oder Streichhölzer
> – 1 Spatel
> – 2 Reagenzgläser
> – 1 Reagenzglasklammer
> – 1 Reagenzglasgestell
> – verschiedene pulvrige Stoffe
> – verschiedene feste Stoffe

Stoff	Beobachtung

e Testet, ob der entstehende Rauch brennbar ist. Ergänzt eure Beobachtung in der Tabelle.

f Gebt ein Stück (2 cm × 2 cm) eines festen Stoffs in ein Reagenzglas.

g Wiederholt die Schritte b bis e.

h Aus welchem Gewebe besteht die Berufskleidung, die manchmal der Hitze ausgesetzt ist (zum Beispiel Kleidung für Metallbauschlosser oder Glasbläser)?

5 Brennbarkeit

Findet heraus, welche Stoffe einfach entzündbar und gut brennbar sind.

⚠ Vorsicht
Arbeitet auf der feuerfesten Unterlage.

Das braucht ihr
- 1 Schutzbrille pro Person
- 1 Haargummi für lange Haare
- 1 feuerfeste Unterlage
- 1 Gasbrenner
- 1 Schere
- 1 Tiegelzange
- 1 Feuerzeug oder Streichhölzer
- 1 Eisennagel
- Eisenwolle
- 1 Holzklotz
- 1 Zahnstocher
- Papierstreifen
- Party-Papierschlangen
- Aluminiumfolie
- Magnesiumband

a Haltet jeweils mit der Tiegelzange eine kleine Materialprobe ganz kurz in die Brennerflamme. Schreibt auf, was ihr dabei beobachtet.

1	Eisennagel	
2	Eisenwolle	
3	Holzklotz	
4	Zahnstocher	
5	Papierstreifen	
6	Party-Papierschlangen	
7	Aluminiumfolie	
8	Magnesiumband (maximal 4 cm lang)	

b Ob etwas brennbar ist, hängt vom Material ab. Schreibt auf, wovon die Brennbarkeit noch abhängt.

AM 6.7 N3 ARBEITEN IM LABOR

Siedekurve und Siedepunkt von Wasser

> ⚠️ **Beachtet**
> Beachtet die Experimentierregeln im Grundlagenbuch in Unterkapitel 6.2, bevor ihr die folgenden Aufträge zum Gasbrenner ausführt.

Das braucht ihr
- 1 Schutzbrille pro Person
- 1 Haargummi für lange Haare
- 1 feuerfeste Unterlage
- 1 Gasbrenner
- 1 Feuerzeug oder Streichhölzer
- 1 Vierbein mit Glaskeramikplatte
- 1 Becherglas 100 ml
- 1 Thermometer (Messbereich: 0 °C bis 100 °C)
- 1 Stoppuhr (oder Smartphone)
- Wasser

1 ⊲ Fragen

Findet heraus, wie sich die Temperatur beim Erwärmen von Wasser verändert. Arbeitet zu zweit oder zu dritt.

2 ⊲ Durchführen

a Füllt etwa 50 ml Wasser in das Becherglas.

b Startet die Stoppuhr.

c Erwärmt das Wasser mit dem Gasbrenner. Rührt das Wasser mit dem Thermometer sorgfältig um.

d Messt jede halbe Minute die Temperatur, ohne mit dem Thermometer Boden oder Wand des Becherglases zu berühren.

e Tragt eure Ergebnisse in die Tabelle ein:
Wenn ihr viermal hintereinander die gleiche Temperatur messt, könnt ihr das Experiment beenden.

Zeit t in min	0	0.5	1	1.5	2	2.5	3	3.5
Temperatur T in °C								

4	4.5	5	5.5	6	6.5	7	7.5	8

f Erstellt ein Zeit-Temperatur-Diagramm.

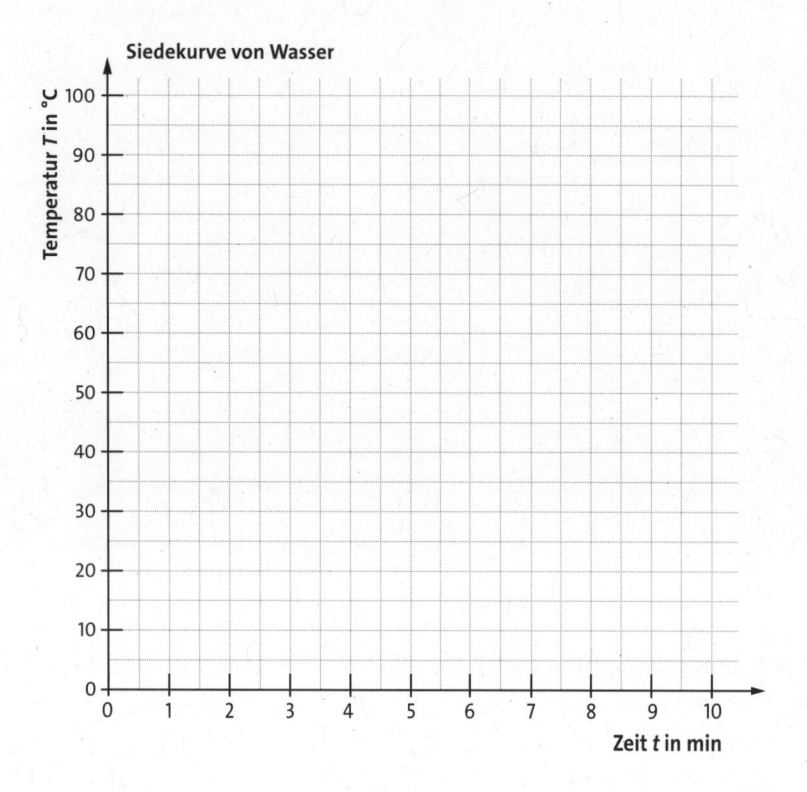

Siedekurve von Wasser

Temperatur T in °C (y-Achse: 0 bis 100)
Zeit t in min (x-Achse: 0 bis 10)

Gut zu wissen
Ein Zeit-Temperatur-Diagramm von Wasser, das bis zum Siedepunkt erwärmt wurde, nennt man Siedekurve von Wasser.

3 Auswerten

– Wenn sich die Temperatur nicht mehr ändert, ist der Siedepunkt erreicht.

– Bei Temperaturen unterhalb des Siedepunktes wird die mit dem Brenner zugeführte thermische Energie zum .... des Wassers genutzt.

Beim Siedepunkt wird die zugeführte thermische Energie zum .... des Wassers benötigt.

– Jeder reine Stoff siedet bei einer exakt bestimmbaren Temperatur. Diese Temperatur nennt man den .... eines Stoffs.

– Der von uns gemessene Siedepunkt von Wasser beträgt .... °C.

– Der Siedepunkt ist luftdruckabhängig. Je höher du aufsteigst oder je schlechter das Wetter ist, desto tiefer ist der Siedepunkt.

Schmelzpunkt und Siedepunkt

Aggregatzustände bei Normaldruck

1 Welcher Stoff hat bei verschiedenen Temperaturen welchen Aggregatzustand? Ergänze die Spalten mit dem Aggregatzustand.

Stoff	Schmelz-punkt	Siede-punkt	Aggregatzustand			Stoffgruppe**
			im Tiefkühler bei –18 °C	bei Raum-temperatur bei 25 °C	im Backofen bei 200 °C	
Helium	–272 °C	–269 °C	gasförmig	gasförmig	gasförmig	
Wasserstoff	–259 °C	–252 °C				
Sauerstoff	–218 °C	–183 °C				
Propan	–188 °C	–42 °C				
Ethanol	–115 °C	78 °C				
Olivenöl	–7 °C *	300 °C *	fest	flüssig	flüssig	
Wasser	0 °C	100 °C	fest	flüssig	gasförmig	
Kerzenwachs	60 °C *	250 °C *	fest	fest	flüssig	
Blei	327 °C	1751 °C				Metall
Aluminium	660 °C	2519 °C				Metall
Kochsalz	801 °C	1461 °C				
Silber	962 °C	2210 °C				Metall
Gold	1064 °C	2836 °C				Metall
Kupfer	1084 °C	2595 °C				Metall
Eisen	1535 °C	2861 °C	fest	fest	fest	Metall

* Ungefährer Wert je nach Zusammensetzung
** Die Bedeutung der Stoffgruppen wirst du in späteren Kapiteln genauer kennen lernen.

2 Ergänze im Säulendiagramm die Schmelzpunkte und Siedepunkte.
Ein Beispiel ist schon eingetragen.

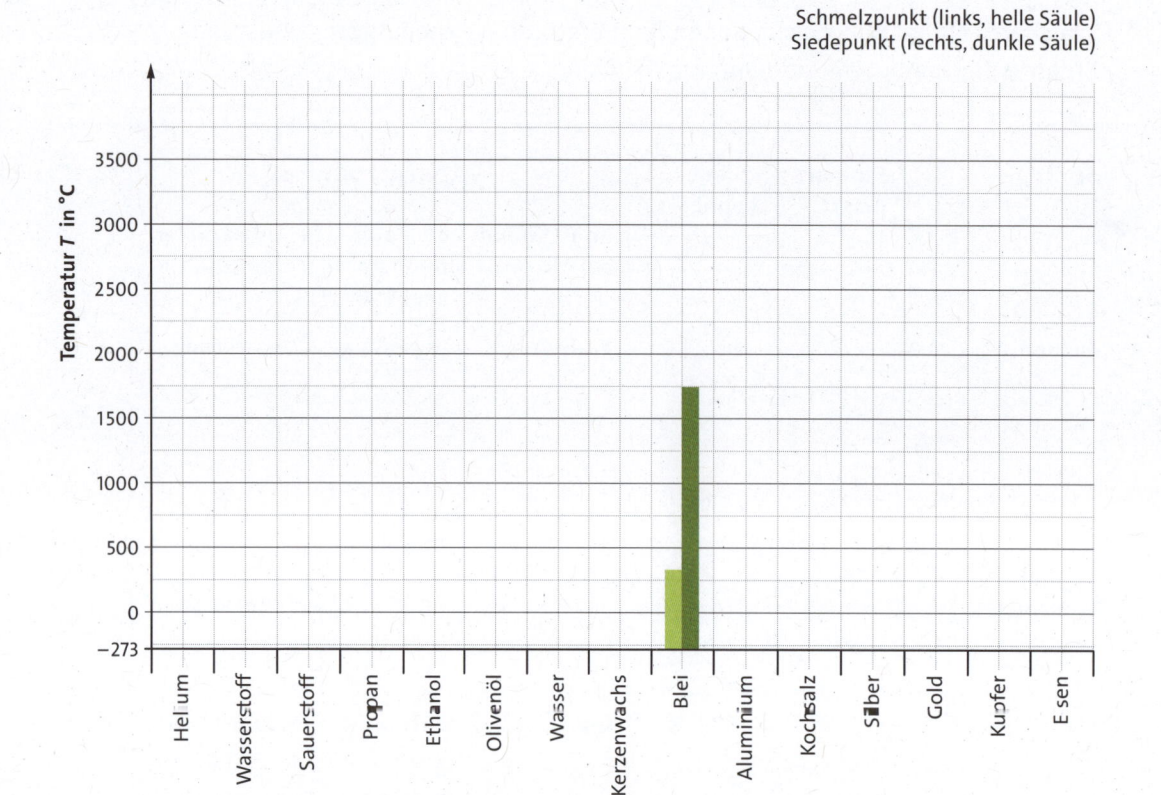

Schmelzpunkt (links, helle Säule)
Siedepunkt (rechts, dunkle Säule)

Temperatur T in °C: −273, 0, 500, 1000, 1500, 2000, 2500, 3000, 3500

Helium, Wasserstoff, Sauerstoff, Propan, Ethanol, Olivenöl, Wasser, Kerzenwachs, Blei, Aluminium, Kochsalz, Silber, Gold, Kupfer, Eisen

3 Markiere im Diagramm die Metalle mit Grün und die anderen Stoffe mit einer anderen Farbe.

4 a Beschreibe, was die Metalle in Bezug auf den Schmelzpunkt und Siedepunkt gemeinsam haben.

....

b Schreibe den Stoff auf, der eine Ausnahme ist.

....

AM 6.9 N3   ARBEITEN IM LABOR

Dichte von Festkörpern und Flüssigkeiten bestimmen

Bild 1 Granitwürfel    **Bild 2** Holzklotz    **Bild 3** Styroporklotz

Die drei Würfel (Bilder 1 bis 3) sind gleich gross, aber nicht gleich schwer. Sie haben eine unterschiedliche Dichte. Die unterschiedliche Dichte kannst du dir so vorstellen: Wenn zwei Stoffe aus den gleichen Teilchen bestehen, hat der Stoff die höhere Dichte, bei dem die Teilchen dichter zusammen sind. Je mehr gleiche Teilchen im gleichen Volumen sind, desto höher ist die Dichte eines Stoffs (Bilder 4 bis 6).

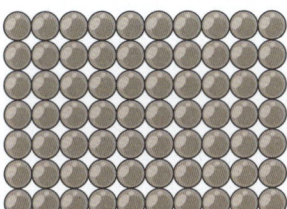

Bild 4 Hohe Dichte 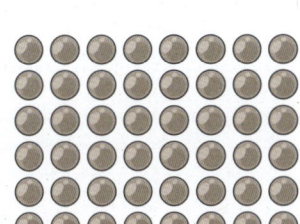   **Bild 5** Mittlere Dichte 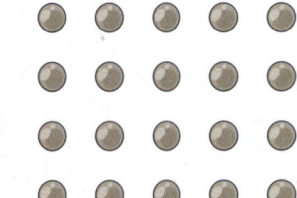   **Bild 6** Niedrige Dichte

Ausserdem sind die Teilchen von verschiedenen Stoffen unterschiedlich schwer. Wenn zwei Stoffe im gleichen Volumen gleich viele Teilchen haben, hat der Stoff die höhere Dichte, dessen Teilchen schwerer sind.

1 Dichte abschätzen

Euer Lehrerin oder euer Lehrer hat verschieden grosse Quader aus unterschiedlichen Stoffen bereitgelegt: aus Holz, aus Metall, aus Kunststoff. Arbeitet zu zweit.

a Sortiert die Quader nach ihrer Dichte. Ihr dürft dazu die Quader in die Hand nehmen und das Verhältnis von Masse und Volumen mit Hand und Auge abschätzen.

b Schreibt auf, welcher Quader die höchste Dichte und welcher die niedrigste Dichte hat.

Höchste Dichte: _____   Niedrigste Dichte: _____

2 Dichte genau bestimmen

a Nehmt den Quader aus Aluminium, Holz, Styropor oder Eisen.

b Wägt die Masse des Quaders in g.

> **Das braucht ihr**
> – 1 Waage
> – 1 Massband oder Lineal
> – 1 Quader aus Aluminium, Holz, Styropor oder Eisen

c Messt die Länge, Breite und Höhe des Quaders in Zentimetern (cm).

d Berechnet das Volumen des Quaders mit der Formel Volumen = Länge · Breite · Höhe. Die Einheit des Volumens ist cm³.

e Berechnet die Dichte des Quaders mit der Formel Dichte = $\frac{\text{Masse}}{\text{Volumen}}$.

Die Dichte wird mit der Masseinheit $\frac{g}{cm^3}$ angegeben.

f Vergleicht euer Resultat mit den Resultaten eurer Mitschülerinnen und Mitschüler Überlegt: Welche Abweichungen sind zulässig? Welche Abweichungen deuten auf eine fehlerhafte Messung oder Berechnung hin?

3 Stellt euch vor, ihr habt einen unregelmässig geformten Körper, zum Beispiel eine Schraube aus Eisen oder einen Ring aus Gold. Von diesem Körper möchtet ihr die Dichte des Materials bestimmen. Überlegt und beschreibt, wie ihr vorgehen könntet, um das Volumen zu bestimmen.

4 Überlegt und beschreibt, wie ihr vorgehen könntet, um die Dichte einer Flüssigkeit, zum Beispiel Öl oder Wasser, zu bestimmen.

AM 6.10 N123   ARBEITEN IM LABOR

Tee und Milch

In diesem AM extrahiert ihr Farbstoffe aus Tee und Milchfett aus Milch.
Arbeitet dafür zu zweit.

🚩 Gut zu wissen
- Extrahieren: mithilfe eines Lösungsmittels einen Stoff aus einem Gemisch herauslösen.
- Die Extraktion: der Vorgang des Herauslösens
- Der Extrakt: das Herausgelöste (zum Beispiel Salz, Kaffee-Extrakt u.a.)

1 Tee
Extrahiert Farbstoffe aus Teekräutern.

Das braucht ihr
- 2 Bechergläser 200 ml hohe Form
- 2 Bleistifte
- Büroklammern
- Wasserkocher
- 2 Teebeutel (Fruchtschalentee oder Hagebuttentee)
- Wasser

Durchführen

a Füllt ein Becherglas mit kaltem und eines mit heissem Wasser.

b Befestigt mit Büroklammern jeden Teebeutel an einem Bleistift. Wenn ihr den Bleistift über das Becherglas legt, hängt der Teebeutel im Wasser.

c Beobachtet 3 min lang, ohne die Gläser oder die Teebeutel zu bewegen, was im heissen und was im kalten Wasser passiert. Schreibt eure Beobachtungen auf. Beschreibt auch die Gemeinsamkeiten und Unterschiede zwischen dem Tee im kalten und im heissen Wasser.

....
....
....
....
....

2 Milch
Extrahiert Milchfett aus Milch.

Das braucht ihr
- 1 Schutzbrille pro Person
- 1 Haargummi für lange Haare
- 3 Reagenzgläser
- 3 Gummistopfen
- 1 Reagenzglasgestell
- 3 Pipetten mit Pipettensauger
- 1 Messzylinder 10 ml
- 3 Glasplatten oder Objektträger
- Milch (verschiedene Sorten: Vollmilch, Milchdrink, Magermilch)
- Reinbenzin
- 1 Uhrglas

Durchführen

a Füllt 10 ml Milch in ein Reagenzglas.

b Gebt 2 ml Reinbenzin dazu.

c Verschliesst das Reagenzglas und schüttelt es kräftig.

d Stellt das Reagenzglas in das Reagenzglasgestell und lasst es 30 s stehen.

e Entnehmt mit einer Pipette einige Tropfen aus der Benzinschicht. Gebt davon 2 Tropfen auf eine Glasplatte und lasst das Benzin verdunsten.

f Führt das Experiment mit jeder Milchsorte durch.

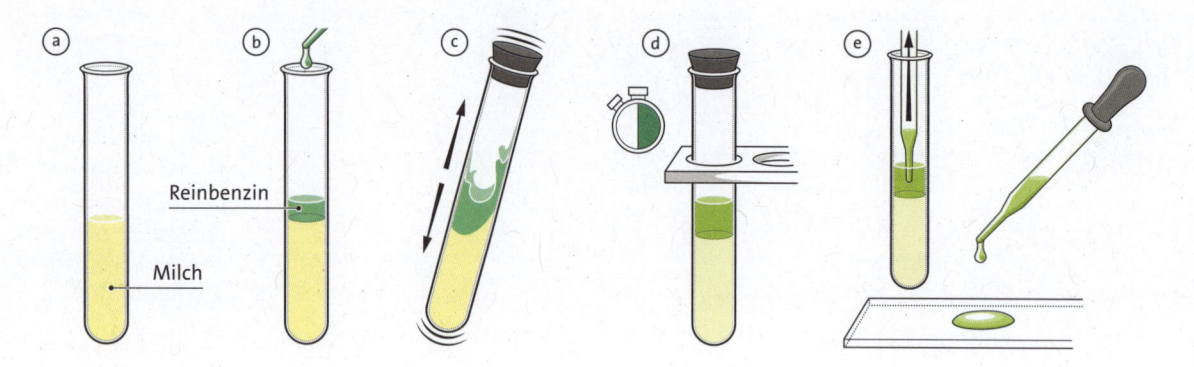

Auswerten

g Überlegt und beantwortet die folgenden Fragen:

1 Warum schwimmt das Benzin auf der Milch?

....

2 Warum geht das Fett in die Benzinschicht?

....

3 Wovon ist die Grösse des Fettflecks abhängig?

....

Weiterdenken

h Gebt die gesamte Benzinschicht auf ein grosses Uhrglas und lasst das Benzin verdunsten. Das dauert ein paar Stunden.

i Wägt mit einer Präzisionswaage die Fettmenge genau ab: Das Fett wiegt .... g.

j Bestimmt den Fettgehalt der Milch: Die Milch enthält .... % Fett.

🚩 Gut zu wissen

– Fettgehalt von Vollmilch: 3.5 % bis 4.2 %
– Fettgehalt von Milchdrink: 1.6 % bis 2.7 %
– Fettgehalt von Magermilch: weniger als 0.5 %

AM 6.11 N3 ARBEITEN IM LABOR

Vom Steinsalz zum Kochsalz

Das Urmeer verdunstete vor 200 Millionen Jahren und hinterliess bis zu 100 m dicke Salzschichten. Die Salzschichten sind von jüngerem Gestein überdeckt. Um das Salz zu gewinnen, wird von der Erdoberfläche ein Loch in die Salzschichten in 140 bis 400 Meter Tiefe gebohrt. In das Loch wird Trinkwasser gepumpt. Das Salz löst sich auf. Ton, feiner Sand und unlösliche Mineralien bleiben liegen. Die Salzlösung steigt über ein zweites Bohrloch an die Oberfläche. Dort wird sie in grosse Tanks gepumpt. Anschliessend wird die Salzlösung erhitzt, sodass das Wasser verdunstet und reines, feines Kochsalz auskristallisiert.

Trennt selbst einen Steinsalzbrocken in wertlosen Stein und kostbares Kochsalz. Arbeitet dafür zu dritt.

Das braucht ihr
- 1 Schutzbrille pro Person
- 1 Haargummi für lange Haare
- 1 feuerfeste Unterlage
- 1 Gasbrenner
- 1 Feuerzeug oder Streichhölzer
- 1 Vierbein mit Glaskeramikplatte
- 1 Becherglas 100 ml
- 1 Abdampfschale
- evtl. 1 Kristallisierschale
- 1 Messzylinder 100 ml
- 1 Glasstab
- 1 Tiegelzange
- Steinsalzbrocken (oder ein Esslöffel eines Gemisches aus Kochsalz und Sand)
- Wasser

1 ⊳ Durchführen

a Löst das Steinsalz in etwa 50 ml Wasser auf.

b Dekantiert das Salzwasser sorgfältig in die Abdampfschale. «Dekantieren» bedeutet: die Lösung möglichst ohne Sand umgiessen.

c Erhitzt das Salzwasser in der Abdampfschale über dem Brenner und lasst das Wasser verdampfen.

2 ⊳ Auswerten

Schreibt diejenigen Eigenschaften von Salz und von Sand auf, die ihr zur Trennung des Gemischs ausgenutzt habt.

....
....
....

3 Weiterdenken

Anstatt das Salzwasser in einer Abdampfschale mit dem Brenner zu erhitzen, könnt ihr es in einer Kristallisierschale stehen lassen. Das Wasser wird innerhalb von 1 bis 2 Wochen verdunsten. Betrachtet anschliessend die Salzkristalle mit einer Lupe und beschreibt ihre Form.

AM 6.12 N123   ARBEITEN IM LABOR

Chromatografie mit Filzstiftfarben

Finde heraus, woraus Filzstiftfarben bestehen.

Das brauchst du
- 1 Becherglas 100 ml
- Filterpapier (Durchmesser 10–15 cm)
- 1 Bleistift
- 4 verschiedene, dunkle Filzstifte
- Wasser

1 Durchführen

a Markiere mit Bleistift die Mitte des Filterpapiers. Zeichne mit Bleistift einen kleinen und einen grossen Kreis. Unterteile das Filterpapier in vier Abschnitte. Schreibe bei jedem Viertel mit Bleistift eine Farbbezeichnung hin.

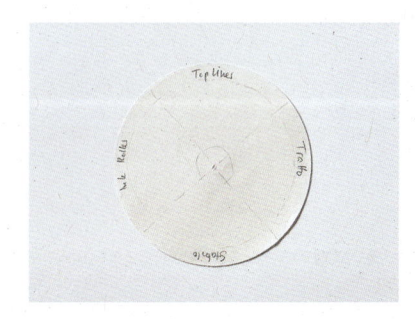

b Trage mit den entsprechenden Filzstiften eine Linie auf dem kleinen Kreis auf.

c Nimm ein Viertel eines weiteren Filterpapiers. Rolle ihn zu einem Docht. Stecke den Docht durch ein Loch in der Mitte deines Filterpapiers.

d Lege dein Filterpapier mit Docht auf ein Glas mit Wasser.

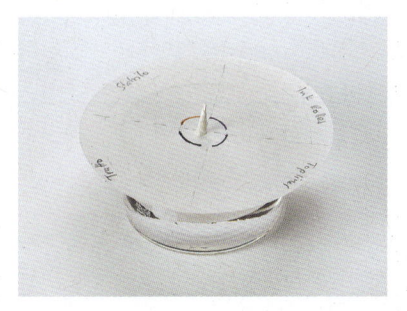

e Wenn das Wasser beim äusseren Bleistiftkreis angekommen ist, entferne das Filterpapier vom Glas und entferne den Docht.

f Lass das Filterpapier trocknen und klebe es hier ein.

2 Auswerten
Beantworte die folgenden Fragen:

a Welche deiner Stifte bestehen aus reinen Farbstoffen?

....

b Welche deiner Stifte sind Farbstoffgemische?

....

c Was denkst du: Sind wasserfeste Stifte 100 % wasserfest? Begründe deine Antwort.

....

....

3 Weiterdenken
Experimentiere nur mit schwarzen Stiften verschiedener Hersteller. Finde heraus, welche Einzelfarben die verschiedenen schwarzen Stifte haben.

Sauberes Wasser

1 Wasserreinigung

Recherchiere und streiche die Aussagen durch, die falsch sind.
Beispiel: Ich esse gerne Spaghetti / ~~Gemüse~~.

a Bis etwa 1975 wurde bei uns dreckiges Wasser
im eigenen Haushalt selbst gereinigt / in die Flüsse geleitet.

b Jeder Mensch in der Schweiz braucht durchschnittlich etwa 300 l Wasser
im Jahr / am Tag.

c Heute gibt es ein / kein Gesetz, das besagt, dass schmutziges Wasser gereinigt
werden muss, ehe es in die Flüsse zurückkommt.

2 Abwasserreinigungsanlage (ARA)

a Suche im Internet Informationen über die ARA deines Wohnorts.

b Ergänze im folgenden Text die korrekten Begriffe aus dieser Liste:
Abluftreinigungsanlage, biologische Reinigung, Kanalisationsnetz, Nachklärbecken, Rechenanlage, Rohwasserpumpwerk, Sandfang, sauberes Wasser, Vorklärbecken.

1 Das gesamte Abwasser einer Region fliesst über das _____

zum Einlauf der Abwasserreinigungsanlage (ARA).

2 Über das _____ gelangt das Abwasser in die ARA. Bei starken

Niederschlägen wird verdünntes Abwasser zwischengespeichert.

3 Die _____ mit einem Grob- und einem Feinrechen hält

die gröberen, festen Abfälle wie WC-Papier, Essensreste usw. zurück.

4 Im _____ bleiben Sand und andere kleine Feststoffe hängen.

5 Im _____ setzen sich Schwebeteilchen als Schlamm ab.

6 In der _____ fressen Bakterien und andere Kleinstlebewesen

organische Inhaltsstoffe. Mithilfe von Sauerstoff wandeln sie diese um in Kohlenstoffdioxid

und Wasser und bilden den Belebtschlamm.

7 Im _____ wird das Wasser vom Belebtschlamm getrennt.

8 Abluft aus den verschiedenen Becken wird in Waschtürmen der

_____ gereinigt.

9 Das nun _____ wird in einen Fluss entlassen.

Abfalltrennung in deinem Haushalt

Das Amt für Abfall, Wasser, Energie und Luft (AWEL) hat die folgenden Abfall-Piktogramme zusammengestellt:

Zurück zur Gemeinde: Kehricht, Papier, Karton, Gemischtkunststoff, Aluminium, Stahlblech, Altmetall, Motorenöl, Speiseöl, Glas, Korken, Holz, Sperrgut, Bauschutt, Textilien und Schuhe, Bücher, Grüngut, Häckseln, Rüst- und Speisereste, Tierkadaver, Fundgrube, Styropor, Sonderabfall

Zurück zum Handel: Zurück zum Handel, Batterien, Autobatterien, Kapseln aus Aluminium, Leuchtmittel, Filterkatuschen, Rahmbläserpatronen, CDs und DVDs, PE-Kunststoffflaschen, PET-Getränkeflaschen, Getränkekarton, Elektroschrott, Haushaltsgrossgeräte, Gefrier- und Klimageräte, Toner, Pneu, Fahrzeuge

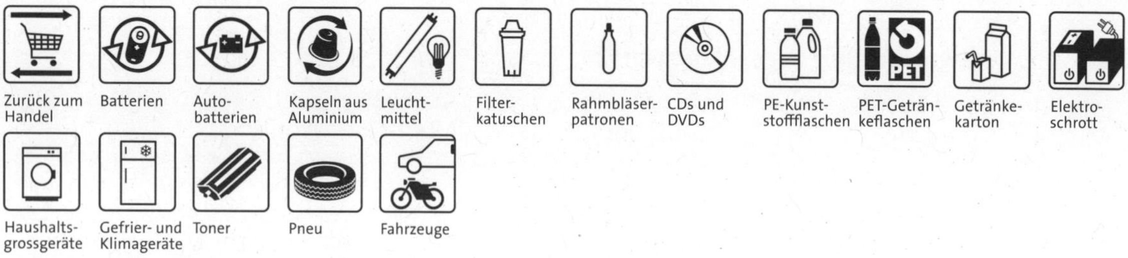

Diverse: Recycling, Bitte korrekt entsorgen, Nicht in die Kanalisation

---

1 Färbe die Piktogramme

　a grün, wenn du bei dir zu Hause die Stoffe getrennt sammelst.

　b rot, wenn du bei dir zu Hause die Stoffe nicht getrennt sammelst.

　c gar nicht, wenn du den Inhalt des Piktogramms nicht verstehst.

2 Lass dir die Piktogramme erklären, die du nicht verstehst.
　Färbe diese Piktogramme dann auch grün oder rot.

3 Vergleiche deine Farben mit deinem Nachbarn/deiner Nachbarin.
　Markiere Übereinstimmungen mit einem «+».

4 Wähle ein Piktogramm, bei dem du mit deiner Nachbarin oder deinem Nachbarn nicht übereinstimmst, und überzeuge sie oder ihn durch Argumente von deiner Meinung.

5 Wählt als Klasse ein Piktogramm, dessen Stoff ihr zukünftig im Schulhaus separat sammeln wollt, und bittet eure Lehrerin oder euren Lehrer um eine entsprechende Sammelmöglichkeit.

Wortsuchrätsel: Gemische benennen

1. Finde möglichst viele der folgenden Begriffe aus der Welt der Gemische (von links nach rechts und von oben nach unten):
   Aerosol, Emulsion, Gasgemisch, Gemenge, Gemisch, Hartschaum, heterogen, homogen, Legierung, Lösung, Nebel, Rauch, Reinstoff, Suspension

M	H	E	T	E	R	O	G	E	N	V	Y	S	B	Y
M	R	K	V	S	U	S	P	E	N	S	I	O	N	K
D	N	F	I	V	N	F	B	Z	D	H	G	N	J	C
G	E	M	I	S	C	H	E	Z	T	I	N	H	K	L
Q	B	Z	D	Q	I	T	I	H	Y	A	T	R	B	Ö
V	E	A	S	J	Y	W	D	A	E	Q	P	E	N	S
N	L	E	C	R	B	R	P	R	M	I	N	I	L	U
I	U	R	R	Y	T	G	T	T	U	Y	I	N	Z	N
D	H	O	M	O	G	E	N	S	L	M	A	S	M	G
L	D	S	I	V	B	L	U	C	S	F	N	T	R	E
S	K	O	S	R	A	U	C	H	I	J	B	O	V	M
X	T	L	L	K	P	N	W	A	O	H	N	F	M	E
N	S	L	E	G	I	E	R	U	N	G	C	F	G	N
I	Q	K	G	A	S	G	E	M	I	S	C	H	H	G
K	Q	G	W	B	Y	B	M	E	K	W	O	G	O	E

2. Schreibe zu jedem Begriff ein Beispiel und eine Definition auf.

   Tipp In Bild 1 im Grundlagenbuch in Unterkapitel 6.9 findest du die Definitionen.

AM 6.16 N3   ARBEITEN IM LABOR

Phänomene werden erklärbar

Beobachtet das Phänomen und erklärt es mithilfe des Teilchenmodells. Arbeitet dafür zu zweit.

> **Das braucht ihr**
> — 2 Messzylinder 100 ml
> — Ethanol
> — Wasser

1 Flüssigkeiten, Reis und Erbsen mischen

a Mischt 50 ml Wasser und 50 ml Ethanol (Bild 1).

Ihr erhaltet .... ml Gemisch.

b In einem Modellexperiment mischt eure Lehrperson 50 ml Senfkörner und 50 ml Erbsen (Bild 2).

Ihr erhaltet .... ml Gemisch.

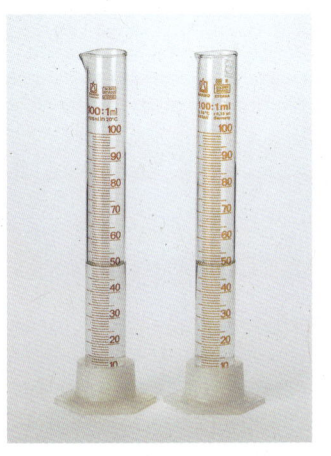

Bild 1 Wasser und Ethanol    **Bild 2** Reis und Erbsen    **Bild 3** Modelle von Wasserteilchen (links) und Ethanolteilchen (rechts).

c Die Teilchen von verschiedenen Stoffen sind verschieden gross (Bild 3). Erklärt mit diesem Wissen das Phänomen aus Auftrag 1a mithilfe des Teilchenmodells. Erstellt dazu eine Zeichnung.

Chemische Reaktionen

1 Kalk

Unser Trinkwasser besteht hauptsächlich aus dem Stoff Wasser. Im Trinkwasser sind viele andere Stoffe gelöst, zum Beispiel Kalk. Wenn Wasser an Oberflächen verdunstet, bleibt Kalk zurück und lagert sich ab. Der Kalk wird als weisslicher Belag sichtbar (Bild 1). Mit einem säurehaltigen Reinigungsmittel wie zum Beispiel Essigreiniger kann man den Kalk entfernen.

Bild 1 Wasserhahn mit Kalkablagerung

a Zeichne in die zwei leeren Kästen die Wasserteilchen und die Kalkteilchen beim Vorgang der Kalkablagerung:

Teilchenzeichnung	(Darstellung von Wasser- und Kalkteilchen)		
Beobachtung und Beschreibung	Im Trinkwasser ist Kalk gelöst.	Etwas Wasser verdunstet und erster Kalk lagert sich ab.	Das Wasser ist komplett verdunstet und der Kalk ist abgelagert.

b Ergänze das Reaktionsschema für die Reaktion «Kalk reagiert mit Essig».

Ausgangsstoffe	Beschreibung der Reaktion	Produkte
		Kohlenstoffdioxid und Calciumacetat

2 Ein Gedankenexperiment

a Stell dir vor:
Auf einer Waage steht links eine Schale mit Alkohol, rechts wurde die Waage mit einem Massestück ins Gleichgewicht gebracht (Bild 2).

Wie ändert sich die Waage, wenn du den Alkohol entzündest? Schreibe deine Vermutung auf.

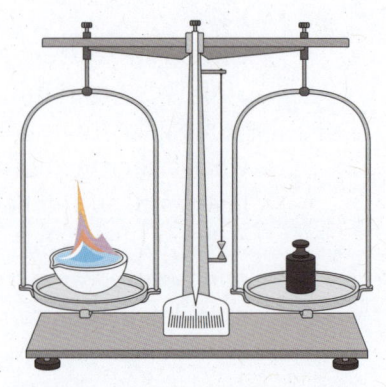

....

....

....

Bild 2 Balkenwaage mit Alkohol in einer Schale

b Stell dir vor:
Nun wiederholst du das Experiment. Nach dem Anzünden stülpst du ein Becherglas über die Schale mit dem Alkohol. Damit die Waage im Gleichgewicht ist, muss rechts ein zusätzliches Massestück hinzugefügt werden (Bild 3).

Wie ändert sich jetzt die Waage, wenn du den Alkohol entzündest? Schreibe deine Vermutung auf.

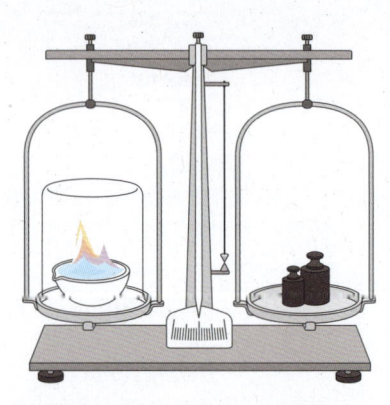

....

....

....

Bild 3 Balkenwaage mit Alkohol in einer Schale unter einem Becherglas

AM 7.2 N3 CHEMISCHE REAKTIONEN UNTERSUCHEN

Eisenwolle verändert sich

Findet heraus, wie sich Eisenwolle unter verschiedenen Bedingungen verändert. Arbeitet zu dritt.

Das braucht ihr
- ca. 5 g Eisenwolle
- 3 Reagenzgläser
- 1 Becherglas ca. 250 ml
- 3 Stativklemmen
- 1 Stativ
- 1 wasserfester Filzstift
- Wasser
- bei der Lehrperson: Waage, verschiedene Flüssigkeiten, verschiedene Gase

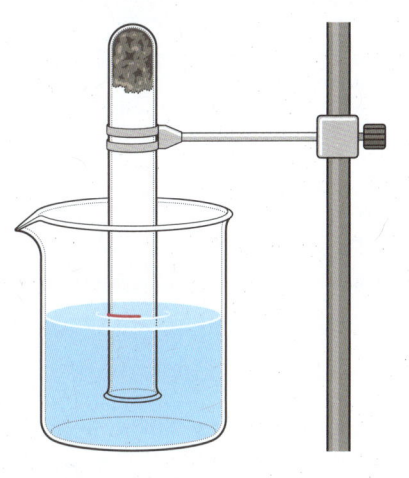

1 Untersucht, wie sich Eisenwolle mit Wasser und Luft innerhalb von zwei Wochen verändert.

Durchführen
a Wägt eure Eisenwolle. Masse = _____

b Benetzt die Eisenwolle: Taucht die Eisenwolle in Wasser, nehmt sie heraus und lasst sie abtropfen.

c Gebt die Eisenwolle in das Reagenzglas und drückt sie mit einem Bleistift nach unten.

d Füllt das Becherglas 5 cm hoch mit Wasser.

e Stellt das Reagenzglas kopfüber in das Becherglas und befestigt es mit der Stativklemme (Bild).

f Markiert auf dem Reagenzglas den Wasserstand (Bild).

g Stellt euer Becherglas an einen schattigen Ort.

2 Findet heraus, wie sich Eisenwolle unter anderen Bedingungen innerhalb von etwa zwei Wochen verändert.

Fragen
A Wie verändert sich Eisenwolle mit Speiseöl und Luft?

B Wie verändert sich Eisenwolle mit Wasser und Kohlenstoffdioxid?

⚠ Beachtet
Kontrolliert jeden Tag, ob das Reagenzglas im Wasser steht. Ist der Wasserstand im Becherglas zu stark gesunken, füllt ihn wieder auf 5 cm auf.

Durchführen
a Nehmt ein Reagenzglas für Speiseöl/Luft und schreibt es mit A an.

b Nehmt ein neues Reagenzglas für Wasser/Kohlenstoffdioxid und scheibt es mit B an.

c Geht mit Reagenzglas A und mit Reagenzglas B wie bei Auftrag 1 beschrieben vor.

d Nach zwei Wochen: Nehmt die Eisenwolle aus den drei Reagenzgläsern und wägt die Eisenwolle. Beschreibt, wie die Eisenwolle aussieht.

e Schreibt eure Beobachtungen im Protokoll auf:

Am Anfang	Wasser/Luft	Forschungsfrage A (Speiseöl/Luft)	Forschungsfrage B (Wasser/Kohlenstoffdioxid)
Masse Eisenwolle			
Wasserstand im Reagenzglas	siehe Strich	siehe Strich	siehe Strich

Am Ende	Wasser/Luft	Forschungsfrage A (Speiseöl/Luft)	Forschungsfrage B (Wasser/Kohlenstoffdioxid)
Masse Eisenwolle			
Wasserstand im Reagenzglas	☐ höher als der Strich ☐ tiefer als der Strich ☐ gleich	☐ höher als der Strich ☐ tiefer als der Strich ☐ gleich	☐ höher als der Strich ☐ tiefer als der Strich ☐ gleich
Veränderung der Eisenwolle			

3 Auswerten und weiterdenken

a Schreibt auf, bei welchen Bedingungen sich die Masse der Eisenwolle verändert hat.

b Schreibt auf, bei welchen Bedingungen sich die Eisenwolle

– am stärksten verändert hat: ....

– gar nicht oder sehr wenig verändert: ....

c Wie kann man Eisen am besten vor dem Rosten schützen?
Schreibt auf, was ihr mit eurem Experiment herausgefunden habt.

Energie bei chemischen Reaktionen

1 Stelle die folgenden drei chemischen Reaktionen mit den Energiewürfeln dar.
Zeichne jeweils die Situation vorher und nachher.
Schreibe jeweils auch die Ausgangsstoffe und die Produkte auf.

Gut zu wissen
Das Energiewürfelszenario wird im Grundlagenbuch in Unterkapitel 5.6 erklärt.

a Ein Spiegelei in der Bratpfanne braten.

Vorher:

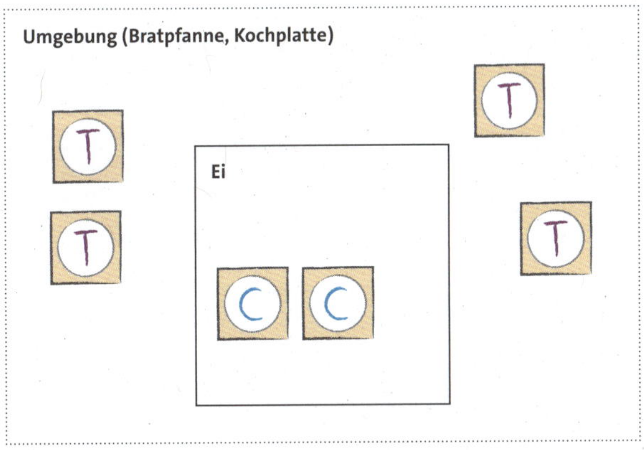

Nachher:

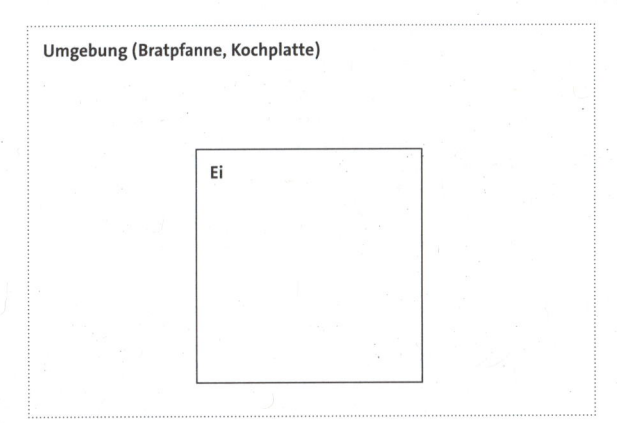

Ausgangsstoff: ……………………

Produkt: ……………………

b Ein Stück Holz verbrennt.

Vorher:

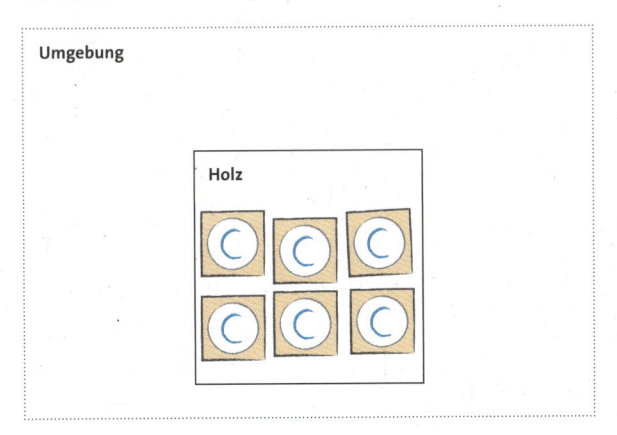

Nachher:

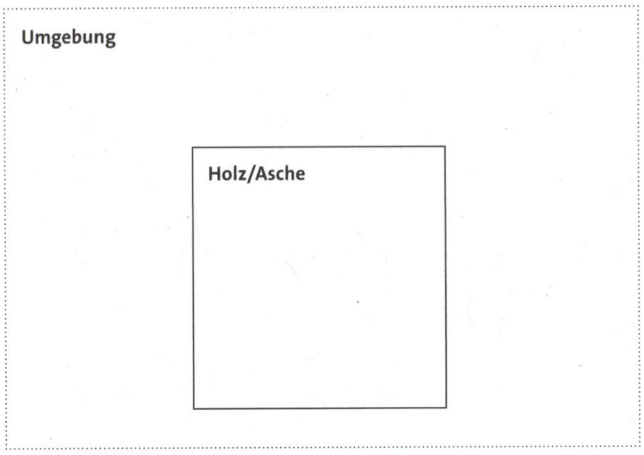

Ausgangsstoffe: ……………………

Produkte: ……………………

c Ein Rennauto mit Verbrennungsmotor beschleunigt von 0 $\frac{km}{h}$ auf 50 $\frac{km}{h}$.

Vorher:	Nachher:

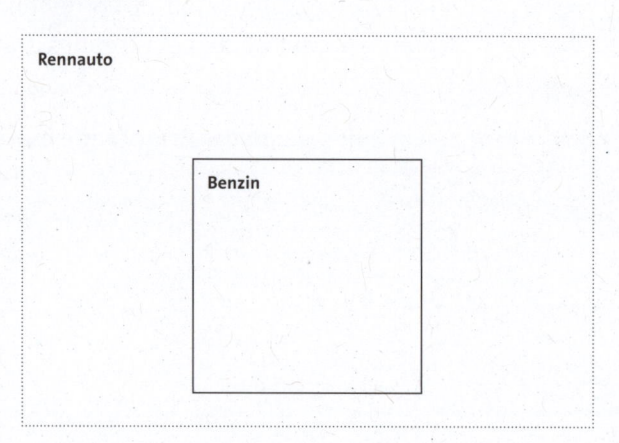

Ausgangsstoffe: _____	Produkte: _____

AM 7.5 N3 — CHEMISCHE REAKTIONEN UNTERSUCHEN

Fotosynthese untersuchen

Findet heraus, welche Faktoren die Fotosynthese beeinflussen. Arbeitet zu dritt.

Das braucht ihr
— Zweige der Wasserpest
— 1 grosses Reagenzglas
— 1 Glaswanne mit Wasser
— 1 Stativ
— Wasser

optional (später):
— Mineralwasser mit Kohlensäure
— abgekochtes Wasser (wieder abgekühlt)
— 1 Wasserkocher
— 1 Thermometer

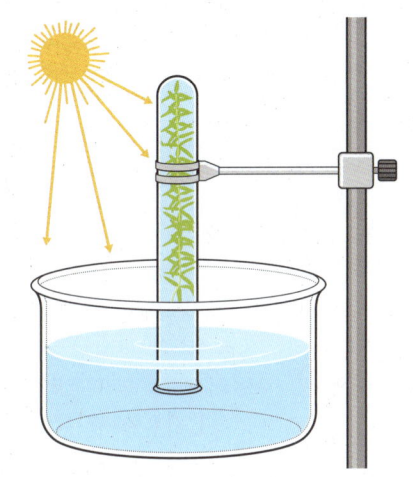

1 Durchführen

a Gebt einen Zweig der Wasserpest in die untere Hälfte des Reagenzglases.

b Füllt das Reagenzglas mit Wasser. Das Reagenzglas darf keine Luftblasen enthalten.

c Taucht das volle Reagenzglas mit der Öffnung nach unten in die Wanne. Befestigt das Reagenzglas mit der Stativklemme. Die Öffnung muss unter Wasser sein (Bild).

d Beobachtet 10 Minuten lang, was an der Wasserpest passiert.
Tipp Könnt ihr etwas zählen oder messen?

e Schreibt auf, was ihr beobachtet.

....
....
....
....

2 Führt das gleiche Experiment mit anderen Bedingungen durch, um herauszufinden, was die Fotosynthese beeinflusst. Die Tabelle zeigt, welche Faktoren ihr am Experiment verändern könnt.

Faktoren	Standard (Auftrag 1)	Varianten
Wasserqualität	Leitungswasser	— Mineralwasser mit Kohlensäure — abgekochtes Wasser (wieder abgekühlt)
Temperatur ungefähr	20 °C	— 35 °C — 10 °C
Licht/Schatten	Sonnenlicht	— Schatten — künstliches Licht

Durchführen

a Ändert einzelne Faktoren und geht wie in Auftrag 1 beschrieben vor.
Tipp Ihr könnt auch mehrere Reagenzgläser in die Wanne stellen und so parallel Experimente durchführen.

b Schreibt eure Beobachtungen auf.

3 Auswerten

a Welche Faktoren beeinflussen die Fotosynthese?
Markiert die Varianten grün, welche die Fotosynthese begünstigen.
Markiert die Varianten rot, welche die Fotosynthese hemmen.

Faktoren	Standard (Auftrag 1)	Varianten
Wasserqualität	Leitungswasser	– Mineralwasser mit Kohlensäure – abgekochtes Wasser (wieder abgekühlt)
Temperatur ungefähr	20 °C	– 35 °C – 10 °C
Licht/Schatten	Sonnenlicht	– Schatten – künstliches Licht

b Mit der Fotosynthese stellen Pflanzen aus Wasser und Kohlenstoffdioxid Traubenzucker her.
Schreibt auf, mit welchem Faktor ihr das Kohlenstoffdioxid verändert habt.

_____

4 Weiterdenken

Stellt die Fotosynthese mit den Energiewürfeln dar.
Beschriftet die Würfel vorher und nachher. Schreibt die Ausgangsstoffe und die Produkte auf.
Tipp Die Pflanze benötigt für die Fotosynthese Energie. Diese Energie wird
in chemische Energie umgewandelt und in Form von Traubenzucker gespeichert.

Vorher:

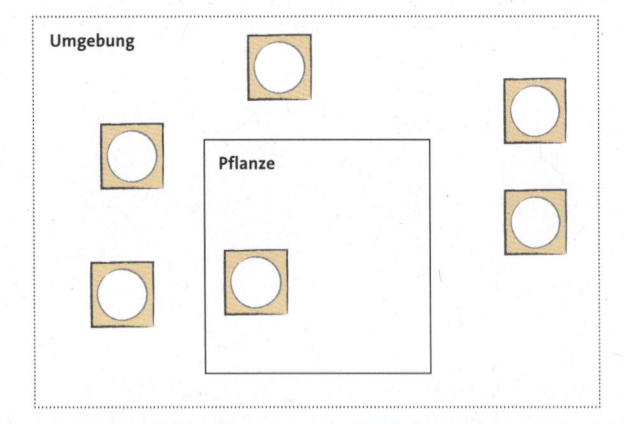

Umgebung
Pflanze

Nachher:

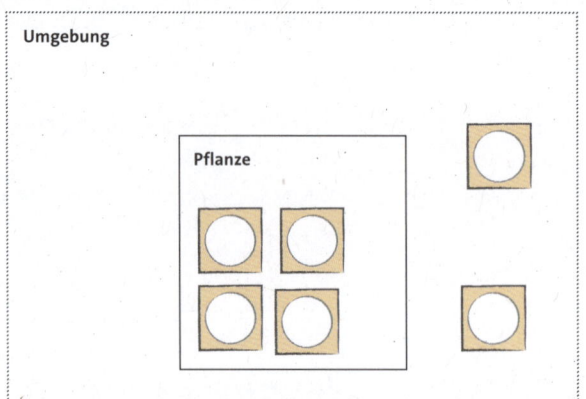

Umgebung
Pflanze

Ausgangsstoffe: _____

Produkte: _____

AM 7.6 N3 CHEMISCHE REAKTIONEN UNTERSUCHEN

Elemente anordnen

Unten sind die 28 Elemente abgebildet, die Lothar Meyer und Dmitri Mendelejew bekannt waren. Angegeben ist jeweils ihre Atommasse. Stoffe mit ähnlichen Eigenschaften sind gleich gefärbt.

1 a Schneide die Elementkärtchen aus.

b Erstelle eine Ordnung nach der Atommasse, bei der Stoffe mit ähnlichen Eigenschaften untereinander angeordnet sind.

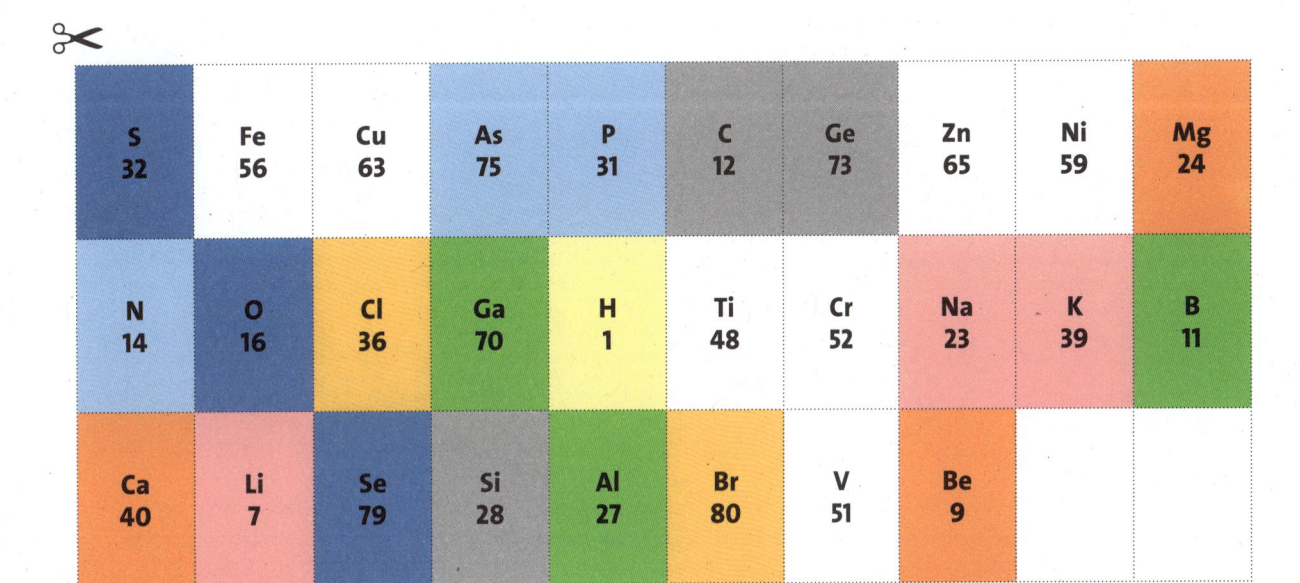

S 32	Fe 56	Cu 63	As 75	P 31	C 12	Ge 73	Zn 65	Ni 59	Mg 24
N 14	O 16	Cl 36	Ga 70	H 1	Ti 48	Cr 52	Na 23	K 39	B 11
Ca 40	Li 7	Se 79	Si 28	Al 27	Br 80	V 51	Be 9		

Eigenschaften von Stoffen

In dieser Tabelle findest du einige Schmelzpunkte von Stoffen. Du bist einer ähnlichen Tabelle bereits in Kapitel 6 in AM 6.8 begegnet.

Stoff	Schmelzpunkt	Siedepunkt	Elemente, die in diesen Stoffen enthalten sind			Stoffgruppe
Helium	−272 °C	−269 °C	He			Edelgas
Neon	−249 °C	−246 °C	Ne			Edelgas
Argon	−189 °C	−186 °C	Ar			Edelgas
Wasserstoff	−259 °C	−252 °C	H			molekularer Stoff
Kupfer	1084 °C	2595 °C	Cu			Metall
Eisen	1535 °C	2861 °C	Fe			Metall
Wolfram	3410 °C	5700 °C	W			Metall
Propan	−188 °C	−42 °C	C	H		molekularer Stoff
Natriumbromid	755 °C	1393 °C	Na	Br		Salz
Natriumchlorid (Kochsalz)	801 °C	1461 °C	Na	Cl		Salz
Kaliumchlorid	773 °C	1413 °C	K	Cl		Salz
Aluminium	660 °C	2519 °C	Al			Metall
Calciumchlorid	772 °C	1600 °C	Ca	Cl		Salz
Ethanol	−115 °C	78 °C	C	H	O	molekularer Stoff
Gold	1064 °C	2836 °C	Au			Metall
Kaliumfluorid	852 °C	1502 °C	K	F		Salz
Kerzenwachs	60 °C	250 °C	C	H		molekularer Stoff
Natriumfluorid	993 °C	1704 °C	Na	F		Salz
Olivenöl	−7 °C	300 °C	C	H		molekularer Stoff
Silber	962 °C	2210 °C	Ag			Metall
Natriumiodid	662 °C	1304 °C	Na	I		Salz
Wasser	0 °C	100 °C	H	O		molekularer Stoff
Sauerstoff	−218 °C	−183 °C	O			molekularer Stoff

Mit dem Periodensystem arbeiten
Nutze das Periodensystem (▶TB 30 PSE), um allgemeine Aussagen über Stoffe herauszufinden.

1 Aufbau von Edelgasen, Metallen, Salzen und molekularen Stoffen

a Färbe in den Spalten «Elemente, die in diesen Stoffen enthalten sind» alle Metalle grün und alle Nichtmetalle blau.

b Aus welchen Atomsorten (Metalle oder Nichtmetalle) sind molekulare Stoffe zusammengesetzt? Schreibe eine Regel auf.

c Aus welchen Atomsorten (Metalle oder Nichtmetalle) sind Salze zusammengesetzt? Schreibe eine Regel auf.

2 Eigenschaften von Edelgasen, Metallen, Salzen und molekularen Stoffen

a Schreibe auf, wie sich die Schmelzpunkte der Elemente «Edelgase» und «Metalle» unterscheiden.

b Schreibe auf, wie sich die Schmelzpunkte der Verbindungen «molekulare Stoffe» und «Salze» unterscheiden.

Bildnachweis

Seite

- **11** Porträt Sir Alexander Fleming, um 1929 © World History Archive/Alamy; Schimmelpilzkolonie © Christine L. Case/Skyline College; Porträt Arthur Fry © Signe Dons/Wikimedia Commons/PD-self
- **12** Porträt William Henry Perkin, 1852 © The Chemical Heritage Foundation; Kleid der Modeschöpferin Mme Vignon, um 1869 © Victoria and Albert Museum London
- **18** Feuerbohnensamen © Andreas Eggenberger/Lehrmittelverlag Zürich
- **31** Lungenmodell © PHSG Pädagogische Hochschule St. Gallen
- **49** Nase zuhalten © Christoph Gysin/icona basel/Lehrmittelverlag Zürich
- **67** Zwei Lichtstrahler © Lorenz Möschler
- **74** 3-D-Kamera © Panasonic Marketing Europe GmbH Wiesbaden; zwei 3-D-Bilder © Lorenz Möschler
- **76** Python © Fivecolt/Fotolia
- **91** Windpark mit Kindern © Digital Vision/Thinkstock; Windspiel © JRLPhotographer/Thinkstock; Heissluftballon © TongRo Images Inc/Thinkstock; junge Frau mit Hammer © Erik Isakson/Thinkstock; Dampflokomotive © jgorzynik/Thinkstock; Skateboarderin © lzf/iStock; Mühlrad © fotodesign-doerflinger/Thinkstock; Solarpanels © RossellaApostoli/iStock; Plattenspieler © simon denson/Alamy; Wunderkerzen © mediaphotos/iStock
- **95** Skater Animation © University of Colorado Boulder
- **96** Solarbetriebenes Spielzeugauto © trongnguyen/Fotolia
- **103** Eisbär © FRANKHILDEBRAND/Thinkstock; Thermobild Eisbär © arno/coen/Wikimedia Commons/PD-self
- **105,108** Energiewürfel © Christoph Gysin/icona basel/Lehrmittelverlag Zürich
- **112** Flammen © Andreas Eggenberger/Lehrmittelverlag Zürich
- **113** Warnhinweise © UNECE United Nations Economic Commission for Europe/Wikimedia Commons/GHS pictograms; Gebotsschild: Augenschutz tragen © MaxxL/Wikimedia Commons/PD-self
- **113, 114** Verbotsschild: Feuer, offenes Licht und Rauchen verboten © Torsten Henning/Wikimedia Commons/PD-self; Gebotsschild: Schutzhandschuhe tragen © KennV/Wikimedia Commons/CC-BY-SA-4.0; Verbotsschild: Berühren verboten, Verbotsschild: Essen und Trinken verboten © Maxxl2/Wikimedia Commons/PD-self
- **114** Verbotsschild: Bedienung mit langen Haaren verboten © Bloody666/Wikimedia Commons/CC0-1.0
- **115** Messpipetten © Andreas Eggenberger/Lehrmittelverlag Zürich
- **117** Küchenwaage © redhumv/iStock; Präzisionswaage © Andreas Eggenberger/Lehrmittelverlag Zürich
- **121** pH-Papier © Andreas Eggenberger/Lehrmittelverlag Zürich
- **122** Experiment Wärme © Andreas Eggenberger/Lehrmittelverlag Zürich
- **129** Granitwürfel © akiyoko/iStock; Holzwürfel © prill/iStock; Styroporwürfel © Nicholas Ng Chun Ming/123RF
- **135** Filterpapiere © Andreas Eggenberger/Lehrmittelverlag Zürich
- **138** Piktogramme Recycling © Swiss Recycling/Verein PET-Recycling Schweiz PRS
- **141** Wasser und Ethanol, Reis und Erbsen; Modell Moleküle Wasser/Ethanol © Andreas Eggenberger/Lehrmittelverlag Zürich
- **143** Verkalkter Wasserhahn © Angela Shirinov/Fotolia